TASCABILI GUANDA

POESIA

In copertina: collage © Gemma Antón
Art director: Francesca Leoneschi
Progetto grafico: Giovanna Ferraris / *the*World*of*DOT

ISBN 978-88-235-1676-2

Prima edizione novembre 2014
Seconda edizione Tascabili Guanda gennaio 2017
Gruppo editoriale Mauri Spagnol
www.guanda.it

DYLAN THOMAS
POESIE

TESTO ORIGINALE A FRONTE

Traduzione, introduzione e note
di Roberto Sanesi

UGO GUANDA EDITORE

INTRODUZIONE
di Roberto Sanesi

INTRODUZIONE A DYLAN THOMAS[1]

« ... womb
In English is a rhyme to tomb ».

W. H. Auden, *New Year Letter*, II, versi 552-53.

Quando nel 1934 apparve il primo volume di versi del giovanissimo poeta di Swansea la poesia contemporanea inglese aveva assunto una chiara fisionomia di carattere rivoluzionario, ed aveva il suo centro nella rivista « New Verse » (1933-1939) diretta dal Grigson, dove si affermava la necessità che il poeta volgesse gli occhi alla realtà esterna, alla realtà della vita moderna con le sue macchine e la sua miseria, fosse obbiettivo e piano in un linguaggio che, pur non riuscendo a uscire da una posizione intellettualistica, usasse termini e concetti comuni e chiaramente percettibili. L'influenza di Marx e di Freud, a poca distanza ancora dalla Prima Guerra Mondiale e sotto l'assillo di problemi non soltanto psicologici ma anche concreti, fu la più evidente, e ad essa si sottomisero gli esponenti maggiori della nuova corrente che poi prese il nome di « trentista ».

Non fu un movimento deliberato, fornito di un manifesto, ma piuttosto un gruppo di amici che, usciti quasi contemporaneamente dall'Università di Oxford, si posero e tentarono di risolvere gli stessi problemi, anche se in modo diverso e personale. Ad ogni modo la spinta più sensibile fu data da W. H. Auden, e a lui si unirono Day Lewis, MacNeice e Spender. Gli interessi contenutistici furono essenzialmente sociali. Nel periodo iniziale ognuno di questi poeti sentì che lo sviluppo della civiltà contemporanea, pur essendo giunto a risultati talmente vasti da poter essere persino giudicato come ipertrofico, era manchevole, appunto, in qualche aspetto. Christopher Caudwell, dopo aver notato questo senso di incompiutezza, più tardi scriveva: « O è venuto il Demonio in mezzo a noi munito di grandi

[1] La prima parte di questa introduzione – ora riveduta ed ampliata – è apparsa in « Aut-Aut », n. 18, Milano, 1953, con il titolo *Sesso Nascita e Morte in Dylan Thomas*.

poteri, o c'è una spiegazione causale per un male comune, come questo, all'economia, alla scienza e all'arte ». Necessitavano dunque una spiegazione e una soluzione del male. Sarà lo stesso Stephen Spender a dire verso quali mète si incamminasse allora la giovane poesia di cui egli stesso era rappresentante: « La loro poesia esaltava la comunità, e, sopraffatta com'era dal senso d'un generale malessere, cercava una soluzione generale nella psicologia e nelle correnti politiche di sinistra »[2].

Si misero dunque in marcia per un decennio di condanne, di inviti, di elegie, di speranze, resuscitando all'orizzonte poetico i profili di nuovi Byron e Shelley, in quel tentativo che poi doveva fallire col fallimento degli ideali della Rivoluzione Spagnola, con Monaco e con la nuova Guerra Mondiale, ma che pose – a mio parere – la poesia inglese all'avanguardia (una nuova avanguardia) di tutte le espressioni europee, o, come preferirebbe forse Cesare Brandi, al vertice delle esperienze romantiche del nostro secolo. Ma anche se ora Auden ci si presenta quasi come un esponente della filosofia mistica ed esistenziale di Kierkegaard, se Day Lewis e MacNeice hanno dimenticato in parte la loro spinta iniziale (un po' meno MacNeice) e sopravvivono a se stessi, se Spender è stato sopraffatto dal suo sempre latente sentimentalismo e tende anch'egli ad una visione religiosa che lo avvicina a Rilke, nel 1934, nel clima realistico e sociale a cui è stato accennato, la poesia di Dylan Thomas, pur avendo contatti col filone maggiore per il suo tentativo di rigenerazione spirituale (ma strettamente individuale), dovette apparire come una reazione isolata.

Il nuovo poeta appariva piuttosto legato a correnti « continentali », ed in modo speciale al Surrealismo, la cui influenza in Inghilterra doveva nascere proprio in quegli anni, e con un certo ritardo (il primo *Manifesto del Surrealismo*, di André Breton, è infatti del 1924), attraverso un'antologia di poesie e pitture surrealiste curata da Herbert Read, e l'opera di poeti come David Gascoyne e George Barker, le cui prime pubblicazioni – *A Short Survey of Surrealism* per il primo, e *Thirty Preliminary Poems* per il secondo – precedono soltanto di un anno (1933) i *18 Poems* di Thomas. Tre anni più tardi doveva apparire la rivista « Contem-

[2] Cfr. Stephen Spender, *Poetry since 1939*, Londra, 1946, pag. 28.

porary Poetry and Prose» fondata e diretta da Roger Roughton.

Quale fosse la poetica dei surrealisti è noto: essi volevano alla base dell'ultima possibilità di poesia un « automatismo psichico puro, per il quale ci si propone di esprimere, sia verbalmente sia per iscritto, il funzionamento reale del pensiero ». Cogliere quindi e fermare l'istante emotivo appena sorga alla superficie senza l'intervento della coscienza ordinatrice, e in certo modo falsatrice, del poeta. Scrittura automatica, specchio inconscio dell'anima come i freudiani simboli del sogno, per cui il mondo dell'esistenza fisica non si presenta come materiale di « ricordo » e nemmeno di « interpretazione », ma piuttosto – come accadeva anche per Rimbaud – di « trasformazione » in chiave, appunto, surreale. Tutto questo non era che una forma di esasperazione dei motivi di cui tutto lo spirito romantico del secolo scorso era pervaso, e condusse l'ispirazione fino all'allucinazione, l'emozione e il pensiero fino alle associazioni più oscure e private che si possano immaginare.

G. S. Fraser, nel suo recente volume [3], osserva giustamente che non poteva esserci maggiore contrasto fra questa posizione e quella assunta dalla consapevole e realistica rivista del Grigson. Ma passato in Inghilterra il Surrealismo accettò un carattere di compromesso, poiché se anche la storia letteraria inglese aveva a volte mostrato esempi di apertura all'inconscio – e si veda, fra gli altri, il *Kubla Khan* di S. T. Coleridge – questi non erano che casi isolati, la tradizione era diversa, e in poeti come Barker, Gascoyne e Thomas una interferenza « selettiva » della ragione è stata quasi sempre presente. Ma definire Dylan Thomas come « neo-romantico » per contrapporlo ai « trentisti » non significa affatto aver del tutto chiarito la sua personalità. Il Romanticismo si è mostrato sotto sembianze multiple, una specie di medusa-polipo, ed ha attanagliato e pietrificato, sgusciando, la critica ed i poeti stessi, avendo procreato movimenti che oggi ci appaiono assolutamente contrastanti, come appunto quelli a cui si è accennato finora: per cui, volendo, si potrebbe benissimo considerare « neo-romantica » anche la poesia, poniamo, di un Auden o di uno Spender. Inoltre gli

[3] G. S. Fraser, *The Modern Writer and his World*, D. Verscoyle, Londra, 1953.

stessi contatti di Thomas con gli «Apocalittici», forse i più deliberatamente romantici, furono di breve durata, e tirate le somme egli è dunque allo stesso tempo coagulatore di motivi ed isolato creatore, è nella tradizione e nell'innovazione, e difficilmente definibile con un solo aggettivo.

Ma ciò che si può ricavare dalla produzione dei primi anni è come nel sottofondo di un tanto confuso convergere d'immagini apparentemente in diverbio fra loro, oscuramente dense e sonore, vi sia lo stesso spirito religioso – teso alla magia – dei bassi anni del Medio Evo, e quello stesso riscontrabile più recentemente nelle contorte inquietudini di *Les Illuminations* e di *Une Saison En Enfer*, dell'*Ulysses* e di D. H. Lawrence. Suggerire, d'altra parte, che nel poeta esista una linea sotterranea di religiosità non è certo compiere un atto di critica soggettiva, né una geniale scoperta. Nella nota che precede la complessiva raccolta poetica che è stata seguita per la presente traduzione[4] leggiamo le seguenti chiare parole: « Ho letto da qualche parte di un pastore che, quando gli chiesero perché rivolgesse, dal centro di cerchi magici, ossequi rituali alla luna per proteggere il suo gregge, rispose: "Sarei un pazzo dannato se non lo facessi!". Queste poesie, con tutte le loro crudezze, dubbi, e confusioni, sono scritte per amore dell'Uomo ed in lode di Dio, e sarei un pazzo dannato se non lo fossero »[5]. Se a questo si aggiunge uno svolgimento poetico di Freud (e la psicanalisi conduce in certo modo alla magia), e la lettura della Bibbia e la mitologia gallese, si giunge, credo, ad una più chiara individuazione dei suoi motivi conduttori.

Francis Scarfe, nel suo bel saggio *Dylan Thomas: a pionier*[6] così sintetizza il punto di vista che penso di poter sottoscrivere: « Le forme personali del linguaggio e della mitologia di Dylan Thomas possono facilmente essere identificate attraverso tre fonti. La prima è linguistica, la seconda mitologica, la terza psicopatologica, e rappresentano la chiave dell'interpretazione del suo mondo ».

[4] D. Thomas, *Collected Poems 1934-1952*, J. M. Dent & Sons, Ltd., Londra, 1952.

[5] Cfr. Op. cit.: « I read somewhere of a shepherd who, asked why he made, from within fairy rings, ritual observances to the moon to protect his flocks, replied: "I'd be a damn fool if I didn't!". These poems, with all their crudities, doubts, and confusions, are written for the love of Man and in praise of God, and I'd be a damn' fool if they weren't! ».

[6] Cfr. F. Scarfe, *Auden and After*, Routledge, Londra, 1942.

Pretendere, ad ogni modo, di avviarci ad una interpretazione particolare delle poesie scelte in questa raccolta, sarebbe superiore alle nostre forze: spesso, come afferma Stephen Spender, non si tratta che di un'ebbrezza di parole scritte secondo un molto vago principio unificatore, oscure e contorte, in cui le immagini si sovrappongono in un naturale procedimento che lo stesso Thomas ci rende noto: « Spesso lascio che un'immagine "si produca" in me emozionalmente, e quindi applico ad essa quanto posseggo di forza critica e intellettuale –, lascio che questa immagine contraddica la prima, già sorta, e che una terza immagine generi dalle altre due insieme una quarta immagine contraddittoria, e lascio quindi che tutte restino in conflitto entro i limiti formali da me imposti... Dall'inevitabile conflitto delle immagini – inevitabile perché appartenente alla natura creativa, ricreativa, distruttrice e contraddittoria del centro motivante, cioè del centro della lotta – cerco di pervenire a quella pace momentanea che è una poesia... ». Ma ugualmente, nella fitta foresta di significati soggettivi e di puri suoni, si possono scorgere le fasi di uno sviluppo e di una diversificazione tematica.

All'inizio gli interessi sembrerebbero convergere maggiormente verso la visione di una fondamentale unità degli elementi primi, apparentemente in contrasto, del perpetuo ciclo della natura: nascita e morte, amore e sofferenza. Essi sono in continuo equilibrio, formano la domanda che l'uomo si è posta da sempre, sono gli eterni soggetti del mistico e del poeta, che non attendono risposta, e sono la ragione per cui Thomas, nel 1934, disse della sua poesia che essa « è, o sarebbe, utile agli altri per la sua testimonianza individuale della stessa lotta nella quale essi stessi sono necessariamente coinvolti ».

Ma i concetti tradizionalmente accettati, come si vedrà più avanti, vengono invertiti, e la vita è dolore come la morte è amore, e ci si avvia alla catarsi.

Già in *Vedo i ragazzi dell'estate* la posizione tematica è nebulosamente accennata col ritornare delle immagini del grembo materno che i fanciulli fendono e della nascita e della morte suscitate da elementi contrari. E la reversibilità delle stagioni (e del ghiaccio e del fuoco, dell'inverno e dell'estate) incrocia la poesia nella parte centrale

« Oh vedi il palpito, nel ghiaccio, dell'estate ».

con simboli simili a quelli che ritroveremo più tardi sviluppati – come più noto esempio – nell'ultimo dei *Four Quartets* di T. S. Eliot, e precisamente nella prima parte di *Little Gidding*:

> « Primavera cresciuta a mezzo inverno
> È la sola stagione sempiterna,
> Sebbene inumidita nel tramonto,
> Sospesa nel tempo, fra il tropico e il polo.
> E quando il breve giorno si rischiara, con gelo e con fuoco,
> Ed il tepido sole infiamma il ghiaccio ... » [7].

Ma si tratta di un tema che non è dei principali per il nostro poeta, anche se tutta la poesia contemporanea inglese lo riecheggia, con maggiore o minore felicità e larghezza di svolgimento; ed è una delle note esistenziali del nostro tempo.

Una più evidente esplicazione dell'unità sostanziale è però contenuta nell'ormai famosa poesia *La forza che attraverso la verde miccia sospinge il fiore*, dove i due ultimi versi di ogni strofe formano il contrappunto della composizione. L'uomo partecipa di una forza elementare, di una linfa, comune ad ogni essere e in relazione alle componenti fisiche dell'uomo (rosa/giovinezza, acqua/sangue, sorgenti/vene) che finisce col risolvere il pensiero dominante della nascita e della morte in una concezione panteistica simile a quella di D. H. Lawrence, e dove il tentativo di liberazione è svolto in termini continui di simbolismo sessuale spesso abbastanza evidente. La posizione è comunque pessimistica, e l'unità delle due materie natali e di morte (la creta e la calce) contenute nei versi

> « E io sono muto per dire all'impiccato
> Come della mia creta sia fatta la calce del carnefice ».

è una chiara conferma che ogni sviluppo nel cammino della vita, ogni gradino raggiunto, è un passo che sempre più avvicina alla morte. E il sesso è in certo qual modo il « deus ex machina » del ciclo vitale.

Il problema del sesso, come quello del tempo, non è certo sconosciuto alla poesia inglese del novecento, e se non si vuole ricorrere nuovamente e soltanto a T. S. Eliot come

[7] Cfr. T. S. Eliot, *Four Quartets*, Faber & Faber, Londra, 1944, pag. 35.

continua pietra di paragone, e particolarmente a *Sweeney Agonistes* che propone in termini diversi e scanzonati la stessa notazione

Sweeney « Nascita, e copula, e morte,
Tutto è qui, tutto è qui, tutto è qui,
Nascita, e copula, e morte ».
Doris « Che noia ne avrei! »
Sweeney « Che noia ne avresti!
Nascita, e copula, e morte » [8].

basterà riferirsi ad un altro giovane poeta, David Gascoyne, che in *The Supposed Being* ci mostra un uguale interesse e lo esprime con immagini che ci ricordano più da vicino quelle di Thomas.

« La poesia può penetrare la chiara nudità della luce più di quanto non lo possano le intime cause scoperte da Freud » [9]. Ciò dimostra come il poeta sia stato influenzato dai simboli freudiani e come, spesso, egli non possa produrre una forte reazione se non nel lettore che abbia confidenza con i testi psicanalitici, anche se Thomas tende ad affermare il suo distacco da Freud. Ed è una delle ragioni per cui a volte il senso particolare sfugge, anche se nel complesso la voce di Thomas riesce a far presa su chiunque, e ce lo testimonia G. S. Fraser nel volume già citato, dove assicura che questo tipo di poesia, più florido ed emozionalmente più diretto, piaceva ai soldati ai quali egli la leggeva durante l'ultima guerra più che la poesia di Auden o di altri « trentisti ». Una seconda ragione delle difficoltà che si incontrano nell'afferrare il senso di queste liriche è che Thomas a differenza dei poeti che generalmente conosciamo (salvo, naturalmente, alcune eccezioni), non ci offre sempre la visione raggiunta e quindi netta e chiarificata, ma la ricerca stessa che lo affatica per giungere dalle regioni del confuso sentire a quelle della pacificazione della luce. I simboli sessuali che più frequentemente si incontrano sono di carattere maschile, aspri e trionfanti, e nello stesso tempo ricolmi di un senso di colpa e di imminente tragedia che ci ricordano da vicino le immagini bibliche, come affioranti

[8] Si è qui riportata la traduzione di Mario Praz, contenuta in T. S. Eliot, *La terra desolata – Frammento di un agone – Marcia trionfale*, Fussi, Firenze, 1949.

[9] Cfr. D. Thomas, in « New Verse », ottobre 1934.

alla memoria di una cupa lettura di fanciullo immaginoso e impaurito. Sono pali, torri, torrette, candele, mostri, coccodrilli, verghe, ecc., uniti in modo tale fra loro che alla fine i dubbi, se ve ne fossero, scomparirebbero. Leggiamo, per esempio, alcuni passaggi di *La luce erompe dove non splende sole*, dove i simboli suggeriscono chiaramente il sesso maschile e l'atto sessuale, nonché lo sviluppo della creatura. Nella prima strofe il punto focale è, credo, da ricercarsi nell'ultimo verso,

« Attraverso la carne dove nessuna carne riveste le ossa ».

che probabilmente si riferisce al periodo che segue immediatamente la concezione, e in cui l'embrione si forma dal sangue che viene sospinto nelle sue vene con la stessa e naturale forza delle maree oceaniche. Quindi, dopo aver posto in contrasto gli stati della giovinezza e della vecchiaia, della virilità e dell'impotenza sotto le consuete immagini,

« Nelle cosce una candela
Riscalda giovinezza e seme, e brucia i germi dell'età ».

si torna allo sviluppo dell'embrione, sviluppo non più, ora, fisico, ma riguardante piuttosto una prima formazione della coscienza. E i primi tre versi della strofe sono abbastanza comprensibili mentre i seguenti non offrono appigli che di ripetizione simbolica, e sembrerebbero ricondurre all'immagine iniziale della procreazione. L'immagine fallica nasce naturalmente sotto l'aspetto della verga (forse la verga del rabdomante) che suscita zampilli in un sorriso (piacere) e in lacrime (peccato). Infine l'anima sorge, con la nascita, a rompere le tenebre. L'ultima strofe è elusiva e può dare adito, come sempre, a interpretazioni diverse. È però certo, parere ugualmente espresso dal critico Marshall Stearns [10], che Thomas voglia significare semplicemente che « noi siamo nati per morire ». E ciò fin dalla nascita della terra, fino dai giorni della creazione degli elementi primi dell'acqua e del fuoco, da cui doveva balenare ed effondersi il « costoluto originale dell'amore » (Cfr. *In Principio*). Tema a cui si sovrappone fin quasi a soffocarlo il mito biblico della Gene-

[10] Cfr. W. Marshall Stearns, in *Trasformation 3*, a cura di S. Schimanski e H. Treece, Lindsay Drummond, Londra, 1949.

si e del Vangelo di San Giovanni, il dolore dei « caratteri primi di nascita e di morte », e il senso della colpa del primo peccato, che rimarrà in sospensione in ogni poesia successiva sotto le immagini del Giardino dell'Eden e del Golgota, per non dire di quella veramente intricata poesia che è *Io, nella mia intricata immagine*, dove, emblemi di lussuria nel contrasto anima-corpo, torri e lumache viscide, ombelichi e capezzoli, fantasmi in armature ferree e cavalieri, si fondono in un'allucinante e colorita visione col Lazzaro della resurrezione a cui il gallo (la virilità e il Cristo) canta la vanità della materia, e nello stesso tempo la salvazione attraverso la materia, anzi l'*unica* possibilità di salvazione:

« Sia la tua polvere salvatrice sotto lo scongiurato suolo ».

Pare che da questo punto cominci ad apparire la nuova, decisiva domanda: qual è dunque la vera funzione del sesso? A cosa tende?

Corso e ricorso, reversione perpetua, ancora più evidente in *Il diavolo incarnato* e in *Questo pane che spezzo*, che è senza dubbio una fra le più belle composizioni del primo periodo, ed in cui appare, forse nella sua forma più scoperta, il Cristo nel mistero del pane e della carne, del vino e del sangue. La figura del Cristo, in questo universo thomasiano vorticosamente dinamico, non poteva mancare di assumere una posizione d'estrema importanza per l'interpretazione sessuale di tutti misteri della vita e della storia. E credo di non sbagliare nel giudicare i dieci sonetti « sacri » di *Come un altare in luce di civetta* come la chiave di tutto il pensiero del poeta a questo riguardo. Lo stesso Francis Scarfe, nel saggio già citato, offre un tentativo d'interpretazione assai più vasto di quanto non faccia per altre poesie. E questo non solo, credo, per le notevoli difficoltà che presenta. Qui l'influenza linguistica di Joyce supera spesso il modello, e non si vuol parlare dell'*Ulysses* ma del *Finnegans Wake.* Non solo il pensiero scorre attraverso i versi come in un labirinto a confronto del quale quello di Minosse è un gioco da ragazzi, ma i suoni stessi e le parole, che assumono nella lingua originale significati plurimi, vengono in modo tale associati che i *Seven Types of Ambiguity* dell'Empson si dubita siano sufficienti a sciogliergli.

Tutti e dieci i sonetti, che poi non sono stesi nella forma tradizionale ma presentano di essa i quattordici versi, introducono in una atmosfera di orrore e di desolazione che supera di gran lunga quella delle « rime sacre » di Donne, poeta a cui pure qualcuno ha accennato a questo proposito, e conduce piuttosto nel clima di alcune poesie di William Blake. Non appartiene al cupo cristianesimo del basso Medio Evo, ma al folklore gallese, al rituale druidico e alle oscure leggende del Nord. E la Morte vi è sempre presente.

In nessun'altra poesia di Dylan Thomas il tradizionale antagonismo del sesso e dello spirito è così risolto in termini d'unità. Già nel primo sonetto, che chiamerei della « creazione », le contrastanti figure di Abaddon, re degli abissi, e di Adamo e di Dio – nascosto forse sotto il simbolo del gallo – sono unite a rappresentare il Male e il Bene, la Morte e la Vita, che insieme partecipano come integranti alla creazione, che avviene circondata da elementi essenzialmente magici, come le Furie (il senso della colpa nella coscienza) e la mandragora (lussuria).

Ugualmente il secondo sonetto rafforza i concetti precedenti nel mostrarci la crescita del fanciullo, ed aumenta l'orrore dell'identificazione del sesso e del peccato:

« Le orizzontali ossa incrociate di Abaddon,
E presso la caverna tu sopra le scale nere,
Osso e lama i pioli, i verticali di Adamo ... ».

e Abaddon pare avventarsi con un vessillo piratesco su cui non solo il teschio con l'ossa incrociate è suggerito, ma con molta evidenza (e così nel terzo verso riportato) il sesso maschile. Le scale sono uno dei più comuni simboli onirici di Freud, e riportano anche – col solito dualismo – alle scale divine di Giacobbe.

Il terzo sonetto è il più complicato, e le interferenze bibliche più fitte e confuse: si attende il Messia, l'Agnello Pasquale. È il sonetto della « profezia », colorito ed emotivamente profondo. Per il sonetto successivo riporto le parole dello Scarfe: « Il quarto sonetto è un passaggio al misticismo sessuale, in cui l'amore e il sesso sono identificati come preludio alla natività (sonetti V e VI) ». Lo svolgimento comincia ad assumere un tono cinematografico, con riferimenti alla tecnica del film:

« La riflessione amorosa dalle fattezze di fungo,
Foto scattate di notte nel campo dai fianchi di pane,
Primo piano una volta sorridente nel muro dei ritratti,
Illuminati da lampade ad arco e gettati sul flutto tagliente ».

L'annunciazione avviene nel quinto sonetto. Gabriele, per superare le difficoltà di un fatto dall'apparenza talmente incredibile, ci vien presentato mascherato ingenuamente come un bandito, o come un giocatore di professione, da « western » hollywoodiano:

« E dal ventoso West con due pistole Gabriele venne,
Il re di macchie fece scivolare dalla manica di Gesù,
E i fanti ornati di guaine, e la regina dal cuore a soqquadro;
Così disse il falso signore in abito di picche, col suo
Linguaggio oscuro e ubriacato dalla bottiglia della salvazione ».

La miracolosa nascita pare dover avvenire come attraverso un gioco cabalistico di carte, ed in questo la posizione di Thomas come interprete soggettivamente mistico non è lontana da quella di alcune composizioni di Rimbaud.

Il sesto sonetto prosegue nello stesso tono dell'orrore e del dolore, e il barocchismo formale con cui la davvero innaturale nascita di Gesù è espressa viene acuito dal confluire di una vera folla dei soliti esseri magici:

« Becca, gallo, il mio occhio di mare, disse della medusa la scrittura,
Taglia, amore, la mia lingua forcuta, disse l'ortica spillo-collinosa;
E l'amore divelse l'occhio della pungente sirena,
Vecchio gallo d'origine oscura tagliò la menestrella lingua
Finché sego soffiai dalla torre di cera,
I grassi della mezzanotte, mentre cantava il sale;
Adamo, buffone del tempo, sopra una strega di cartone ... ».

E il settimo sonetto presenta finalmente, dopo avere in un certo modo raggruppato i fili di un'intricata matassa, il rapporto che intercorre fra l'uomo, Dio e l'Universo: rapporto strettissimo che pare voler riunire nell'identificazione assoluta i termini accennati. D. H. Lawrence era scrittore più controllato, anche se il suo pensiero vagava in affermazioni mai perfettamente centrate, mentre Thomas lascia correre la propria visione in modo quasi completamente inconscio, trascinato dai suoni e dalle parole come se in lui fosse un mare (e il suo nome, etimologicamente, sembra abbia proprio questa derivazione nell'antica lingua gallese) sfrenato e senza confini, che fluisce e defluisce sulle rive della poesia; ma il fondo ritengo non sia del tutto dissimile. Si tratta di panteismo. Ogni cosa partecipa della presenza divina fino ad identificarvisi:

« Ora stampiglia la preghiera del Signore su un grano di riso,
Un fascicolo di Bibbia di tutti i legni scritti
Strappa a quest'albero: un alfabeto che dondola,
Genesi nella radice, parola spaventapasseri,
E un linguaggio di luce nel libro degli alberi ».

Ancora però ci si chiede: qual è la vera risposta alla continua domanda? Qual è il fulcro di tutta l'interpretazione sessuale dell'universo? Poiché l'universo è vita, ma è anche morte, e la morte anch'essa è dinamica e vorticosa, in Thomas e nell'universo: la reversione a cui si assiste non può rimanere una giustificazione accettabile, la morte è sempre un mistero insolubile, e pone, volenti o no, dei limiti precisi. E l'orrore che circonda i due termini antitetici, l'orrore delle Sirene e delle Furie, il sangue delle « signore dalle mammelle di cornamusa » – levatrici del doloroso parto dell'amore – fin qui ci è apparso sentito, presente in ogni verso: rimarrà orrore soltanto perché non esiste risposta, e perché il dubbio è il più atroce mistero? Il poeta va oltre, egli vuol dare un senso preciso anche a questo: e lo rintracceremo nel sonetto della « crocifissione », nel sonetto ottavo della raccolta. Ancora, Scarfe ritiene che questo sia il migliore della serie: ne dubitiamo, ma non dubitiamo affatto che questo sia il più importante. Abbiamo visto come nel complesso *Come un altare in luce di civetta* sembri voler simboleggiare la nascita dell'amore attraverso la morte del sesso, e ciò potrebbe disporre a pensare in Thomas un punto di contatto più stretto col cristianesimo, con la differenza che il poeta, per ora, si mantiene su un piano completamente pessimistico. Il critico inglese a cui maggiormente ci atteniamo tenta una precisa interpretazione simbolica, molto intelligente, ma non tutta qui interessa, e non tutta riportiamo. Vediamo pure l'intero sonetto:

« Questa fu la crocefissione sulla montagna,
Nervo del tempo in aceto, tomba patibolare incatramata
Di sangue quanto le splendide spine che piansi;
Il mondo è la mia ferita, Dio è Maria nel suo dolore, curvata
Come tre alberi, i seni di colomba
Palpitanti attraverso la sua camiciola, con spilli
Per gocce di lacrime è questa la donna dalla lunga ferita,
Ed era questo il cielo, Cristognuno, che tutti gli angoli in canto
Nel celeste condotto dei chiodi cacciarono finché

L'arcobaleno tricolore da polo a polo balzò dai miei capezzoli
Attorno al mondo vegliato da lumache. Segaossi di tutta la gloria
Io presso l'albero dei ladri privo di sesso lo scheletro
In questo minuto montano, e presso l'orologio a soffio testimone del sole
Sostengo i fanciulli del cielo nel palpito del mio cuore ».

Nel groviglio delle immagini le fasi che riassumono il punto di vista del poeta e che conducono ad alcune affermazioni di carattere definitivo mi appaiono senza dubbio quelle contenute nei versi: II (Il nervo del tempo), IV (Il mondo è la mia ferita, Dio è Maria nel suo dolore), VII (Cristognuno), XII (Privo di sesso lo scheletro in questo minuto montano). È evidente che chi parla in prima persona non è Dylan Thomas, perché in questo caso tutta la composizione finirebbe col perdere di valore e ci lascerebbe notevolmente perplessi, ma il Cristo, che ci vien presentato come il punto più sensibile di tutta la storia, il nervo, o, forse meglio, il muscolo che sempre la muove facendone allo stesso tempo parte ed identificandosi con ognuno. Tutto il mondo ha inflitto a Cristo la ferita mortale, essa sanguina del sangue di ogni peccatore (perciò Cristognuno), ma Egli non appare come un eroe che ci salva ma piuttosto come una vittima sacrificata: di conseguenza anche noi tutti siamo le vittime sacrificate; la vera punizione del Peccato Originale è sofferta completamente da Maria, che è costretta a sopportare non solo il dolore del parto divino ma anche quello della morte della sua creatura. E finalmente crediamo di scoprire il segreto della morte come disfacimento di ogni movimento e di ogni piacere: la morte è negazione della vita perché la vittima, il Cristo, morendo, « priva di sesso lo scheletro »: la morte è tale perché è senza sesso.

Siamo giunti qui al culmine della prima fase del pensiero di Thomas, in cui l'assillante domanda mistica riceve una risposta negativa. Per quanto riguarda la forma, in parte abbiamo già accennato a quale sia lo svolgersi delle immagini da un nucleo centrale che a volte si nasconde ingannando il lettore e a volte, invece, ci viene offerto in un verso base facilmente individuabile. Non una sola poesia però scade se la si affronta nella sua struttura generale: la sostenutezza sonora mantiene un tono uniforme, come di acuto, che in certo modo argina lo straripamento delle immagini. Thomas è un poeta prodigo, difficilmente sbavato. Il gioco ambiguo delle immagini, la volontà di foggiare di nuovo la parola, pongono il nostro poeta nella scia di Joyce non come un epigono (cosa che alcuni ritengono, fra cui Cesare Brandi, che incomprensibilmente – data la sua preparazione accurata nei campi più diversi – giudica Dylan Thomas non più che uno « strascico di invecchiata avanguardia »)[11] ma come colui che segue, facendola propria ed originale, una tecnica che pareva del tutto gratuita e senza possibili sbocchi. Ma è purtroppo uno dei lati più importanti di tale poesia che solo il lettore inglese può comprendere completamente. *Come un altare in luce di civetta* non è però soltanto la composizione che chiude il primo periodo, ma anche il nodo centrale da cui partono i fili per un nuovo svolgimento. Il superamento della posizione pessimistica è già implicito negli ultimi due sonetti della raccolta. Nel nono si assiste alla « resurrezione »:

> « Questa fu la resurrezione nel deserto,
> La morte da una benda, la maschera dei dotti
> Che grida raucamente oro su tali fattezze, e lo spirito di lino
> Che sposa il mio lungo signore a furie e polveri ... »;

che sembra avvenire per opera dei soliti esseri spaventosi, che pone « i fiumi dei morti attorno al collo » e l'accenno prosegue ancora con chiarezza nel decimo, con una parola di speranza, facendo presagire il Giorno del Giudizio come rinascita vera e come perdono:

> « Verde come il principio, lasciate che il tuffantesi giardino
> Veleggi, con le due torri di corteccia, verso quel Giorno
> In cui il verme costruirà con le pagliuzze d'oro del veleno
> Nel rude albero rosso il nido mio delle misericordie ».

Nelle poesie successive la densità si allenta, il mare di Dylan ansima con più dolcezza e con più calore sul mistero della morte, e siamo nel cuore della fase che apre una nuova visione (fusione dell'intimo e dell'esterno) del mondo circostante. Sale di un tono l'umanità e di conseguenza l'impronta religiosa, il dubbio prende piede nell'arduo e perenne problema che pesa sul poeta. Le poesie più belle, e più esplicite a questo riguardo, soffuse di questo sentimento, sono senza dubbio *Dopo il funerale*, scritta in memoria di

[11] Cfr. C. Brandi, *La fine dell'Avanguardia e l'Arte d'oggi*, La Meridiana, Milano, 1952, pag. 43.

Ann Jones, e la *Conversazione della preghiera,* ambedue costruite con deliberata precisione. Il poeta stesso commenta la prima coi versi « una mostruosa immagine ciecamente/per lode ingrandita ». In essa possono essere facilmente individuate quattro fasi: la sepoltura, atto crudele e stridente sottolineato dal ragliare di un mulo, quasi unico canto funebre mentre la vanga sveglia il sonno con uno schiaffo mattutino di desolazione; il banchetto degli ospiti; l'aspetto e la personalità della morta – unica nota delicata in tanto grigiore di tristezza –, ed infine l'omaggio alla vecchia domestica gallese, che assume agli occhi del poeta come l'aspetto di un inamovibile simbolo di fedeltà, bianca e statuaria nel suo sonno eterno, quasi fosse effigiata in una scultura di Henry Moore, di quell'artista che rivela – sotto una ricerca formale compositiva di continue curve – l'immobile e spettrale silenzio della morte:

« E Anna scolpita non è che settant'anni di pietra ».

Thomas in questa poesia, giudizio che d'altra parte può essere applicato un po' a tutta la sua linea produttiva, non è lontano dalla voce di Gerald Manley Hopkins, slanciata verso realtà profonde, verso la soluzione tentata e fallita (continua ricerca) delle basi organiche e cosmiche della vita, al fine di rendere più chiara la posizione dell'*io* nei rapporti del mistero divino, con una differenza formale di più accentuata contorsione e oscurità dovuta forse al fatto che il giovane gallese conosce Freud, mentre il gesuita Hopkins di più che cinquant'anni prima non era in contatto diretto che con i suoi pensieri, e con gli elementi originali della natura intimamente vissuti. Questa influenza di Hopkins, che giustamente « si sarebbe tentati di dire ... ha salvato il Thomas da Swinburne » [12], non consiste solo in un simile interesse contenutistico, non solo in quei due elementi che il Williams propone (*a*: un'appassionata emozione che sembra tentar di esprimere tutte le sue parole in una; *b*: un appassionato intelletto che si sforza ad un tempo di scoprire e di spiegare tanto la singolarità quanto la divisione dell'Universo accettato), né soltanto perché egli, come

[12] Cfr. S. Rosati, *Dylan Thomas poeta neoromantico,* in « Il Mondo », Roma, 27 dicembre 1952.

Thomas, è stato un poeta rappresentativo di intensi conflitti e ribellioni interiori, ma anche, e soprattutto, in una combaciante capacità tecnico-linguistica usata nell'esprimersi. Le allitterazioni, le inversioni, i giochi di parole di G. M. Hopkins si ritrovano frequentemente nell'analisi delle poesie di Thomas, e così si dica per molti dei simboli. H. Treece, nel suo saggio [13], dopo aver messo a fuoco queste derivazioni, presenta il seguente interessante specchietto delle parole composte rintracciabili nei due poeti:

	Specie	*Hopkins*	*Thomas*
1.	Allitterazioni	May-mess	Sky-scraping, fair-formed
2.	Composti tripli	Day-labouring-out	Hero-in-tomorrow
3.	Man (Uomo)	Manshape, manwolf	Manshape, man-iron
4.	Composti numerali	Five-leaved	One-sided, three-pointed
5.	Womb (grembo)	Womb-life	Womb-eyed
6.	Heart (cuore)	Heartsore, heartforsook	Heartsore, heartshaped
7.	Jesus (Gesù)	Jesu	Jesu
8.	Christ (Cristo)	Christ-done-deed	Christward
9.	Re (prefisso reiterativo)	Rewinded	Resuffered
10.	Bone (osso)	Bonehouse	Bonerail
11.	Un (prefisso negativo)	Uncumbered	Unsucked
12.	Sea (mare)	Sea-corpse	Sea-faiths
13.	Water (acqua)	Waterworld	Water-clock
14.	Star (stella)	Star-eyed	Star-gestured
15.	Jack (nome proprio)	Jackself	Jackchrist
16.	Moon (luna)	Moon mark	Moon-turned
17.	Light (luce)	Hornlight	Owl-light
18.	Eyed (occhiuto)	Star-eyed	Red-eyed, wombeyed
19.	Tale (racconto)	Tell Tales	Tell-tale
20.	Fathomed (sondato)	No-man-fathomed	Five-fathomed

Naturalmente questo specchietto non è completo, ma dimostra sufficientemente quanto è stato detto finora. Chiusa questa parentesi possiamo tornare alla poesia di cui stavamo parlando. Il finale, canto funebre lento e solenne, ci mostra più convincentemente quell'apertura verso la speranza che già notammo nei due sonetti della « resurrezione ». L'amore vien già considerato come una seconda nascita, e riconduce alla vita. Si potrebbe pensare a questo punto ad un contatto fuggevole con alcuni degli *Ariel Poems* di T. S. Eliot, dove lo stesso concetto di reversione nascita/morte e morte/nascita sta alla base del *Viaggio dei Magi* (« Questa Nascita / Un'aspra e amara sofferenza era

13 Cfr. H. Treece, *Dylan Thomas*, Lindsay Drummond Ltd, Londra, 1949.

per noi, come la Morte, la morte nostra». «E contento sarei di un'altra morte») e di *Animula* («Prega per noi ora e nell'ora della nostra nascita»), e credo infatti esista, anche se Thomas è lontano dal pensiero di Eliot come è lontano da ogni chiesa [14].

Ma nella poesia successiva, in *La Conversazione della preghiera*, l'equilibrio dei termini è raggiunto, ed offerto al lettore in una chiarezza non ancora conosciuta:

LA CONVERSAZIONE DELLA PREGHIERA

La conversazione delle preghiere al punto d'essere dette
Dal fanciullo che si corica e dall'uomo sulle scale
Che portano verso l'amata morente nella sua alta camera,
Indifferente l'uno verso chi muoverà nel suo sonno
E l'altro in lacrime temendo che lei sia già morta,

Si svolge nel buio sul suono che sanno ascenderà
Nei cieli riecheggianti dal verde terreno,
Dall'uomo sulle scale e dal fanciullo vicino al proprio letto.
Il suono che sta per essere pronunciato nelle due preghiere
Per sonno in terra sicura e per l'amore che muore

Sarà un uguale volo doloroso. Chi mai calmeranno?
Dormirà illeso il fanciullo o l'uomo sarà in lacrime?
La conversazione delle preghiere al punto d'esser dette
Si svolge fra i vivi e fra i morti, e l'uomo sulle scale
Non troverà stanotte morta ma vivente e calda

Nel fuoco della sua inquietudine nella camera alta la sua amata
E il fanciullo, indifferente verso chi salga la sua preghiera,
Annegherà in un dolore profondo come il suo vero sepolcro,
E fisserà l'onda dagli occhi oscuri con gli occhi del sonno,
L'onda che lo sospinge sulle scale verso colei che è morta.

Come si vede i contrasti son presentati con precisione e accuratezza: fanciullo ed uomo stanno pregando, ed ambedue per ragioni diverse ed uguali allo stesso tempo (l'uno, ingenuamente, per un sonno che avvenga senza sogni paurosi e senza preoccupazioni «in una terra sicura»; l'altro per

[14] Per quanto riguarda la differenza che il poeta gallese sente fra sé ed Eliot, l'amico Glauco Cambon – che qui ancora ringrazio per l'aiuto offertomi –, mi riportava una frase di Thomas molto esplicita. Contrapponendo alla triplice affermazione eliotiana (Monarchico in politica, anglocattolico in religione, classico in letteratura) una propria triplice affermazione pare egli sia solito dire: «Sono un Gallese, un ubriacone, ed amo il genere umano, soprattutto le donne». Non si può evidentemente fondare una critica sostanziale su un motto di spirito, ma anche questo fa parte di un uomo, aprendoci il proprio carattere, per cui non è da scartare del tutto.

la donna in procinto di morire), ma per l'uno e per l'altro la preghiera sarà « un uguale volo doloroso », nulla potrà risolvere che sia comprensibile umanamente. « Chi mai calmeranno? » Non certo se stessi, se non per un superamento dell'accettato principio logico, e la speranza – certo – in tale domanda non è priva di dubbio: la vita è in fondo equilibrata dalla morte, per cui ogni preghiera si volge contemporaneamente sui vivi e sui morti. « Chi mai calmeranno? ». Se stessi, allora, ma solo nella morte. E la quiete perverrà solo all'uomo, cioè a colui che più soffre, perché dolore è amore, e non troverà morte, ma quiete profonda oltre il suo inquieto bruciare. Al fanciullo, per ciclo irrevocabile, non rimane che vivere, annegare quindi nel più profondo dolore, fissando « l'onda dagli occhi oscuri », procedendo a fatica verso la vera nascita. La morte non è che un piacevole inizio: Thomas è arrivato ad una affermazione positiva. Successivamente, uomo maturo, potrà possedere una visione più serena, ma il suo tono sarà di nuovo il dubbio, e l'infinito rimpianto di una lotta creduta vinta, ma senza una sola foglia d'alloro che sia testimone di certezza.

Terminata la fase più complessa e contorta, giunto al limite di una quasi crudele introspezione gridata come in un èmpito di forza, tenuta – come sarà tenuta nel complesso tutta la sua poesia – su un tono uniforme di acuto, superata la giovanile aggressione di temi per lui vitali, dal nodo della sua « ebbrezza di parole » si dipanano le strade più piane del rimpianto, e l'anima – stanca – si reclina sul tempo della fanciullezza.

È il breve periodo, di quando in quando riaffiorante, dell'« outer world », come lo definisce William York Tindall, acutissimo critico ed amico personale di Dylan Thomas. E il suo paese, il Galles, grondante d'acqua e ricordi, tenuamente colorito, torna come una favola lontana in *Poesia d'Ottobre,* in quella composizione che lo Spender, non so con quanta ragione, ritiene la migliore che Thomas abbia mai scritto prima d'allora.

Osservando il paesaggio di un tempo, i « tante volte narrati campi dell'infanzia », nella breve ascesa a un colle nel giorno del suo trentesimo compleanno, ad esso si sovrappongono le immagini di un bimbo, egli stesso, e la rievocazione di un clima perduto trasforma l'ottobre in una perenne stagione primaverile, in cui i colori assumono le sfumature irreali della leggenda. Il paragone fra le due età, la relazione temporale fanciullo/uomo che già abbiamo incontrato in *La conversazione della preghiera*, sorge naturalmente, ma non si tramuta – come avviene invece nella ricerca di Proust – in *Temps Retrouvé*. Ormai il distacco è incolmabile, la lieve speranza accennata nel finale:

Oh possa la verità del mio cuore
Essere ancora cantata
Su questa alta collina nel volgersi di un anno

rimarrà tale. E come in *Poesia d'Ottobre*, anche in *Il colle delle felci* l'evocazione rimane un distacco: quell'età di comunione perfetta con la natura, quell'età immaginosa in cui si può essere principi ed ogni aspetto del mondo ci appartiene e ci muta trasformandosi, è lontana come i giorni della creazione, quando nel cielo apparve prima la luce. Non la possiamo più riconoscere. Come è possibile in tutto questo non percepire la voce di Pascoli – qui formalmente più sostenuta – o la voce di Wordsworth? Il primo dubbio dopo tanta lotta, un'inquietudine che si fa elegiaca. Ogni cosa ci sfugge, l'irrevocabile flusso della vita spinge alla morte, la morte assoluta per la morte del sesso, anch'esse sfuggono. Più nulla è certo, è dunque una sicura àncora di salvezza che ci è necessaria, è la speranza che tutto ugualmente rimanga, poiché se tutto è incomprensibile la posizione fissamente pessimistica resta di puro carattere logico, ma non è umana. L'interesse di Thomas si volge, dall'introspezione assoluta che caratterizza la poesia giovanile, alla presenza di altri individui, al dramma che gli sta attorno, alla guerra, anche se ancora tutto si trasforma in una visione che non è « cumulativamente » sociale ma approfondisce – radicandosi in individui particolari – i temi personali. È il momento di *Una rinuncia a piangere la morte, per fuoco, di una bimba a Londra*, in cui non è mostrata soltanto la riluttanza a porre l'assunto poetico al di fuori della sofferenza, ma l'impossibilità di comprendere completamente « la maestà e l'ardore della morte della bimba ». Nel fuoco che si indovina nello sfondo come un'immensa vampa che consuma il corpo, non è difficile scorgere il fuoco sacrificale in cui il piccolo essere innocente è la vittima quasi donata a purificare l'orrore del genere umano.

E la rinascita eterna è sicura, l'ultimo verso supera la rassegnazione da un evento immutabile:

> « Dopo la prima morte non ne esiste altra ».

Più tardi, innestandosi a questo primo tronco poetico, il tema viene ripreso ed ampliato in un contrappunto mistico. Il ciclo della vita e della morte, bruciando nel rito sacrificale, serpeggia in *Cerimonia dopo il bombardamento* chiamando più esplicitamente a espiare l'umanità che Thomas, in quanto poeta, sente di rappresentare in se stesso. La pluralità del lamento è posta immediatamente, l'*io*, il « me stesso », diviene i

> « Me stessi
> Coloro che piangono
> Piangono
> Fra le strade bruciate all'instancabile morte »

e l'implorazione di perdono è un coro di genti afflitte dal peccato comune

> « Perdona-
> Ci perdona-
> Ci la tua morte che me stessi i credenti ... »

e la vittima stessa diviene una schiera d'innocenti che ritornando alla terra saranno seme – « phoenix symbol » – di un mondo nuovo:

> « Germe di figli nei lombi del nero involucro che rimane ».

La visione si allarga simboleggiando nel peccato particolare l'universale peccato originale, la leggenda di Adamo ed Eva si rinnova perpetuamente nell'umanità rendendosi quindi contemporanea, e del felice Giardino dell'Eden non rimane che un arido scheletro bianco, franato ormai nel buio e nella solitudine. Il requiem alto ed estremo che da ogni dove sale in una orchestrazione completa, in un clima acuto, è ripreso dall'unica voce dell'elemento più fondo e dilagante, che sommerge e placa, dalla potente voce del mare:

« Le masse del mare
Le masse del mare sotto
Le masse del mare che genera infanti
Erompono, sorgente, penetrando per sempre a profferire
Gloria Gloria Gloria
Nel separante estremo regno del tuono della genesi ».

Il commosso « gloria » finale penso non lasci adito a incertezze: la confusa tendenza religiosa ravvolta nell'oscurità del mito s'apre finalmente ad una accettazione che è molto vicina ad identificarsi col pensiero cristiano. Il cammino della poesia ha penetrato « la nudità della luce ».

Visione e preghiera, pubblicata per la prima volta nel gennaio del 1945, credo possa valere come limite estremo di questa conquista, e l'atteggiamento di Thomas comincia a inserirsi nella linea della poesia eliotiana, e – anche se molto meno – rispecchia un andamento comune a tutta la poesia inglese contemporanea. Si ricordi, ad esempio, che già nel 1941 W. H. Auden aveva pubblicato la *New Year Letter* [15] e che negli stessi anni dovevano apparire compiutamente i *Four Quartets.* Ma in *Visione e preghiera,* anche se questo contatto è chiaramente riconoscibile, il tono rimane quello di una voce diretta in contrapposizione ad una vigilatezza continua. Come scrive Glauco Cambon in *After the first death, there is no other* [16], Thomas è sempre all'antitesi del transfuga di Saint Louis, e sta a lui come l'espressionista all'ermetico. La stessa costruzione tipografica ci mostra la solita spiccata tendenza a un simbolismo (di tipo « metafisico ») che tutto comprende: la prima parte, la visione, suggerisce chiaramente la forma del diamante (losanga) e del sesso femminile, uno significante l'eterno inintaccabile « presente » del tempo, l'altro il mezzo della nascita (e in questo caso, trattandosi di una poesia natalizia, della nascita divina) che è avvenuta e si rinnova nella contemporaneità del rito che si ripete. Ancora nascita, morte e resurrezione appaiono collaterali, Genesi e Apocalisse coesistono:

[15] Cfr. R. Sanesi, *Nota per la New Year Letter di W. H. Auden,* in « Aut-Aut », n. 14, Milano, 1953.

[16] Cfr. G. Cambon, saggio citato, in « Aut-Aut », n. 18, Milano, 1953.

« Il
Mare nato
Benedissero il sole
Colui che trova
E Adamo ritto in piedi
Cantò dell'origine!
Oh le ali dei fanciulli!
Il volo verso la ferita degli antichi
Giovani dalle forre dell'oblio!
Il passo celeste del sempre ucciso
In battaglia! L'incontro
Dei santi con la loro visione!
Il mondo che torna all'origine!
E l'intero dolore
Fluisce all'aperto
Ed io
Muoio »

La seconda parte è il commento devoto al perpetuo miracolo della speranza: la forma a clessidra (ancora il tempo) nasconde anche l'immagine del calice della Comunione, del Graal, della tazza che simboleggia tradizionalmente – dal Medio Evo in poi – la redenzione nella fiamma purificatrice del Purgatorio. La fine della seconda sezione:

« Io volto l'angolo della preghiera e brucio
In una benedizione dell'improvviso
Sole. Nel nome dei dannati
Vorrei volgermi e correre
Alla terra nascosta
Ma il sole chiassoso
Giù battezza
Il cielo.
Io
Sono trovato.
Oh lasciate che egli
Mi bruci e anneghi
Nella sua cosmica ferita.
Il suo fulmine risponde al mio
Grido. La mia voce brucia nella sua mano
Ora io sono perduto in colui che acceca.
Il sole rugge alla fine della preghiera »

richiama gli ultimi versi di *Little Gidding*, dove in diverso modo è affrontato lo stesso problema la cui risposta converge però nella stessa identificazione mistica dei contrari:

« ... E tutto sarà bene
E tutte le cose saranno perfette.
Quando le lingue di fiamma s'avvolgeranno
Nel coronato viluppo di fuoco
E il fuoco e la rosa una cosa saranno ».

Consumata nella purificazione l'esperienza religiosa, Thomas, pescatore leggendario, s'avvia sui flutti difficili della poesia pura col peschereccio della *Ballata dell'esca dalle gambe lunghe.* I mari che nel viaggio simbolico egli solca sono gli stessi mari mutevoli e ambigui della vita, sono gli stessi di Melville, della *Ballata del vecchio marinaio,* del *Bateau Ivre* di Rimbaud. La parentela fra coloro che s'inoltrano per lo stesso viaggio d'infruttuosa ricerca è molto stretta. Il mare. E certamente il mare di Moby Dick: « ... e il mare gagliardo e virile si gonfiava in ondate lente, lunghe e poderose, come il petto di Sansone nel sonno. Qui e là guizzavano le ali bianche come neve, di piccoli uccelli immacolati; erano i pensieri delicati dell'atmosfera femminea; ma giù negli abissi dell'azzurro senza fondo, passavano e ripassavano enormi Leviatani e pesci-spada e squali; e questi erano i pensamenti vigorosi, agitati e assassini del maschio mare » [17]. La ballata di Thomas compendia tutta la sua precedente opera di poeta, l'assomma e la conchiude in un barocco vortice di simboli. È ancora in parte la ricerca affannosa dell'inconoscibile Dio che ci sfugge. E ancora Melville. Come quello di Thomas « Il dio di Melville non ha una forma unica, stabilita e definitiva – se l'avesse, se egli potesse riconoscere un'unica immagine di Dio, la sua ricerca e la sua opera non avrebbero ragione di essere » [18].

Glauco Cambon, nel tentare un preciso e centrato parallelismo fra il nostro poeta e Rimbaud, si riallaccia nell'esplicazione al pensiero di Rudolf Otto [19], ma forse sarebbe stato sufficiente dire – come infatti anche dice – che oltre le derivazioni intellettualistiche ciò che lega i poeti della « rigenerazione religiosa » è il semplice fatto che essi sono poeti « veri » per i quali perciò il viaggio intrapreso era imprescindibile per la loro stessa natura. Il mare è l'elemento che più di ogni altro suggestiona la mente del gallese, ed esso vien

[17] Cfr. H. Melville, *Moby Dick,* trad. di Cesare Pavese, Frassinelli, Torino, 1942, pag. 836.
[18] Cfr. G Baldini, *Melville e le ambiguità,* Ricciardi, Milano-Napoli 1952, pag. 3.
[19] Cfr. G. Cambon, *Due vascelli pazzi,* in « La Fiera Letteraria », Roma, 1º febbraio 1953.

presentato come l'universale grembo e come la tomba definitiva. Qui la Grande Madre in cui si tende a tornare abbandonando la limitata prospettiva terrena è la stessa che affascinò – sino alla completa vittoria del simbolo sulla realtà – l'indimenticabile Hart Crane col suo gesto definitivo. Rimbaud preannuncia, come in un'autobiografia spirituale, la sua giovane morte poetica, e fugge « sans regretter l'oeil niais des falots » reagendo violentemente ai presupposti che immiserivano l'uomo nella sua civiltà dimenticata; Thomas, da questo punto fino alle ultime poesie, tende profeticamente, nel desiderio di un ritorno alla schiera degli avi, al tentativo di raggiungere l'Ade. Ma non è un facile viaggio. Come il « Pequod » incontra bufere e pirati nel folle inseguimento del capitano Achab, come il vascello spettrale di S. T. Coleridge passa attraverso meravigliose e incomprensibili avventure in un turbinìo di visioni e di esseri miracolosi e paurosi, come *Le Bateau Ivre* scorre fra Leviatani e Behemot, così il peschereccio thomasiano assiste al ribollire dei flutti sconvolti dalle balene e dagli esseri marini di qualsiasi specie. Il pescatore, tramutato nell'immagine di Giove-Thor[20], arpiona col suo budello (fulmine divino) un'esca viva: la vittima necessaria al sacrificio propiziatorio per cui sarà possibile giungere al porto. Ma essa rappresenta anche l'estrema difficoltà e l'estrema necessità dell'amore, e diviene via via generatrice e sposa, come il mare stesso che è grembo tempestoso di nascita e di morte nel suo mostrarci elementi maschili e femminili. E questo ancora riallaccia più al severo Melville che allo sconvolto fanciullo dagli occhi di glicine. Il suo battello alla fine sospira e rimpiange i lidi dell'Europa perduta, mentre il pescatore di Thomas (Re Pescatore della *Waste Land*) riapproda sul molo della vita a ciò che dobbiamo accettare. « L'àncora di Rimbaud viene alla realtà dopo l'inversione iniziale, e il suo affondare nel pavimento della chiesa riecheggia l'arpionatura dell'esca, accentuandone il senso e mettendolo in luce »[21]. L'esca sacrificata (l'albatro del vecchio marinaio) – dopo la metamorfosi del mare che diviene improvvisamente terra –:

> « Più nulla rimane del mare se non il suo suono,
> Sotto la terra il clamoroso mare cammina,

[20] Cfr. G. Cambon, saggio citato.
[21] Cfr. G. Cambon, saggio citato.

Sui catafalchi dei frutteti decede il battello
E l'esca annega fra i covoni ».

scopriamo che non era altro che il cuore stesso del poeta, la sua carne vivente data in offerta, e l'unica offerta possibile. Il ritorno nel seno di Abramo sarà dunque la nostra mèta sicura.

Le ultime due poesie della presente raccolta, pubblicate inizialmente sulla rivista « Botteghe Oscure » di Roma e tradotte anche da Salvatore Rosati, procedono accoppiate a integrarsi a vicenda nella linea di questo pensiero di intima coscienza stanca, avviata al termine dell'avventura poetica. Esse possono essere facilmente giudicate come fra le migliori scritte da Thomas, poiché egli qui si libera dalla forma chiusa e dalla pericolosa tendenza a ottundere il sincero slancio poetico con una a volte eccessiva sopraffazione dell'elemento intellettualistico. La libertà costruttiva giova d'altra parte a una più distesa e appropriata sonorità nei riguardi del contenuto e delle immagini, così più non forzate in costrizioni esteriori. Credo di intendere nel coro funebre contrappuntato dalle voci diverse degli uccelli di *Sulla collina di Sir John* – e non solo degli uccelli, ma anche degli elementi circostanti, come fiume e sole, aria e terra – per la morte dei passeri assaliti dal falco, il più o meno cosciente canto del cigno del poeta. Nell'aria di favola moraleggiante che l'accenno a Esopo, unito al minuto muoversi di tutti quegli esseri, dona a tutto il componimento, si sta svolgendo ancora la tragedia della morte: e colui che muore, pur incidendo sulla pietra tombale un'epigrafe destinata ad altri, è lo stesso Thomas, avviato alla conclusione della sua vita bruciata dall'inquietudine. La limitata monade umana, vorticosa nel vento di un'accettazione quasi forzata, tende a confondersi con l'elemento primigenio, che prima era il mare ed ora – con la metamorfosi della *Ballata* – è invece la terra. L'evocazione notturna e lunare degli avi a cui si assiste nell'irreale paesaggio di *Nella coscia del Gigante Bianco* contiene la chiave, la prova piuttosto chiara di questo assunto. La misteriosa presenza di generazioni passate che si accoppiano, seme e cenere, in una simbolica danza, richiama – in quell'abbandonarsi fiducioso ad Abramo e a Dio – la prima parte di *East Coker*. Si confronti pure tutta la poesia di Thomas con questo brano del secondo dei *Four Quartets*:

« In quell'aperto campo
Se tu non vieni troppo vicino, se tu non vieni troppo vicino,
A metà di una notte d'estate, udire puoi la musica
Dell'incerta zampogna e del piccolo tamburo
E vederli danzare attorno al falò
L'uomo e la donna associati,
Simboleggiando in danze il matrimonio –
Un nobile e pratico sacramento.
A due a due, unione necessaria,
Sottobraccio o per mano a vicenda tenuti
In segno di concordia. Girano e girano attorno al fuoco
Balzando attraverso le fiamme, o in cerchio raccolti,
Rusticamente solenni o in risa da volgo
Alzando i piedi pesanti nelle scarpe informi
Piedi fangosi, piedi terrosi, alzati in paesana allegria,
Allegria di coloro che da tempo sotterra
Nutrono il grano. Tenendo il tempo,
Tenendo il ritmo nella loro danza,
Come vissero un tempo in vive stagioni
Il tempo delle stagioni e delle costellazioni
Il tempo della mungitura e il tempo del raccolto
Il tempo dell'unione dell'uomo e della donna
E quello delle bestie. Si posano e levano piedi.
Mangiare e bere. Letame e morte.

L'alba si leva, e un altro giorno
È pronto per l'ardore e il silenzio. Fuori sul mare il vento dell'alba
Si aggrinza e scorre. Io sono qui
O là, o altrove. Nel mio principio » [22].

Qui il tono è severo, da Ecclesiaste – in Thomas, rustico. Principio e fine sono una cosa sola: « Le figlie della tenebra fiammeggiano come fuochi di Fawkes ancora », il breve falò della vita trascorsa resta a brillare in esse. E oggi che il poeta ha improvvisamente raggiunto la schiera dei danzatori per fecondare il grano nuovo delle future anime degne, « non per l'orgoglioso appartato », ma per gli « amanti che fra le loro braccia / Recingono i dolori delle età », egli può essere in ogni luogo, « qui o là, o altrove »: comunque sempre nel suo Principio. E l'amato Galles nativo, terra di piogge e di miti, si è tramutato nella pianura eterna dell'Ade.

Roberto Sanesi

Milano, Novembre 1953

[22] Cfr. T. S. Eliot, *Four Quartets*, Faber & Faber, Londra, 1944 pag. 16

Nota alla prima edizione

Nel pubblicare questa mia prima fatica di traduttore sorgono più invincibili i dubbi di non aver sempre seguito la via più giusta, di non aver superato nel modo migliore le difficoltà del testo, di non aver saputo inserirmi degnamente nel quadro attuale degli studi italiani sulla letteratura inglese. Carlo Izzo, uno dei nomi più chiari fra quelli che il nostro paese può oggi vantare come interpreti della poesia di lingua inglese, riporta, nella sua *Poesia Americana contemporanea e Poesia Negra*, Guanda, Parma, 1949, pag. XXXII, una frase a lui scritta da Ezra Pound: « Il miglior modo di tradurre è di usare il linguaggio che l'autore originale avrebbe usato, se la sua lingua fosse stata quella del traduttore ». È un consiglio che si regge a perfezione, ma è, purtroppo, quanto mai complesso da seguire. E l'Izzo infatti commenta: « ... ma l'applicazione pratica del precetto presuppone nel traduttore qualità poco meno che divinatorie ». Sono qualità che non posseggo. Nel difficile compito di rendere nella mia lingua uno dei poeti più intricati del nostro tempo il solo precetto a cui mi sono attenuto è stato quello dell'umiltà. Non ho mai preteso quindi di creare nuovamente un'opera di poesia, ma solo di suggerire al lettore il testo originale: e questa è anche una ragione per cui, a volte, mi sono attenuto a una sintassi che può apparire strana alla lettura nella nostra lingua.

Ringrazio qui vivamente Glauco Cambon, Luigi Castigliano, Carlo Izzo ed Alfredo Rizzardi che mi hanno aiutato nel mio lavoro suggerendomi testi e giudizi critici, e, spesso, più felici soluzioni. Ringrazio inoltre quanti vorranno in seguito additarmi eventuali errori o interpretazioni discutibili, nel nome di una comune cultura e di una comune fatica.

Milano, novembre 1953

Nota alla seconda edizione

Esauritasi una leggenda che rischiava di falsare con elementi spuri il reale significato della sua poesia, analizzata e sistemata in questo lungo periodo la figura e l'opera di Dylan Thomas da biografie e studi critici numerosissimi quanto dettagliati e illuminanti, pubblicate prose e poesie giovanili, lettere e progetti, a più di vent'anni dalla sua prima edizione, di fronte alla richiesta di ristampare questa antologia mi sono domandato fino a che punto sarebbe stato ragionevole lasciarne intatta la struttura. Inevitabilmente l'edizione del 1954, in assenza del vasto apparato critico oggi disponibile per una qualsiasi nuova indagine, era fondata su una lettura diretta e personale, e per quanto giustificata dalle date della scelta e della versione (1952-1953) potrebbe in qualche modo risultare, ora, incerta o carente. Tuttavia, pur consapevole di alcune ingenuità, mutarne totalmente l'impostazione credo avrebbe significato negare al volume, per lo meno, quel valore di prima testimonianza che a quel tempo ebbe e che, forse, è ancora in grado di riflettere. Motivi editoriali del tutto estranei alla mia volontà mi costringono ad alcune varianti di scelta – ma per quanto riguarda i testi poetici tradotti fra il 1952 e il 1953 e mantenuti nell'antologia, anche se tenendo conto di lievi modifiche apportate in una ristampa ho preferito limitarmi a rivederne qua e là il linguaggio. Mentre alcune delle versioni qui aggiunte erano già apparse in anni successivi alla prima antologia in pubblicazioni sparse, più recenti, e inedite, sono le versioni di *A Process in the Weather of the Heart, Our Eunuch Dreams, From Love's First Fever to Her Plague, Was There a Time, A Grief Ago, Because the Pleasure-Bird, Once it Was the Colour of Saying* e *When I Woke*. Per le ragioni di testimonianza già accennate, ho lasciato immutate l'introduzione del novembre 1953 e le note alle versioni, mentre ho aggiornato la bibliografia (che resta comunque parziale) con particolare attenzione agli interventi italiani sia per offrire al lettore il maggior numero possibile di riferimenti critici sia per correggere alcune imprecisioni, mie e altrui, trascinatesi nel tempo. Per il resto, valga quanto dichiarato nella nota del 1953.

Milano, febbraio 1976

POESIE

AUTHOR'S PROLOGUE

This day winding down now
At God speeded summer's end
In the torrent salmon sun,
In my seashaken house
On a breakneck of rocks
Tangled with chirrup and fruit,
Froth, flute, fin and quill
At a wood's dancing hoof,
By scummed, starfish sands
With their fishwife cross
Gulls, pipers, cockles, and sails,
Out there, crow black, men
Tackled with clouds, who kneel
To the sunset nets,
Geese nearly in heaven, boys
Stabbing, and herons, and shells
That speak seven seas,
Eternal waters away
From the cities of nine
Days' night whose towers will catch
In the religious wind
Like stalks of tall, dry straw,
At poor peace I sing
To you strangers (though song
Is a burning and crested act,
The fire of birds in
The world's turning wood,
For my sawn, splay sounds),
Out of these seathumbed leaves
That will fly and fall
Like leaves of trees and as soon
Crumble and undie

PROLOGO DELL'AUTORE

In questo giorno che ora si scoscende
Verso la fine della svelta estate
Di Dio nel sole salmone torrentizio
Nella mia casa scossa dall'oceano
Su un rompicollo di rocce in un viluppo
Di frutta e cinguettii, di schiuma e flauto,
E pinna e piuma sul danzante zoccolo
Di un bosco, e presso sabbie
Stelledimare spumeggianti assieme
Ai gabbiani stizzose pescivendole, e vele,
Telline e chiurli pifferai, e uomini
Neri qua fuori come corvi e
Con paranchi di nuvole, che s'inginocchiano
Alle reti del tramonto,
E oche accanto ai cieli, ragazzi
E aironi che stilettano, conchiglie
Parlanti sette mari, acque eterne lontane
Dalle città che hanno le notti lunghe
Di nove giorni, e le cui
Torri fiammeggeranno
Nel vento religioso
Come steli di paglia arida e alta,
Per voi, stranieri, in pace
Umile canto (sebbene il canto sia
Un atto tutto ardente e impennacchiato,
Fuoco d'uccelli nel bosco roteante
Del mondo, per i miei suoni
Stridenti e obliqui) da questi
Fogli gualciti dal pollice del mare
Che svoleranno e cadranno come foglie d'albero, e presto
Ridotti in polvere non moriranno

Into the dogdayed night.
Seaward the salmon, sucked sun slips,
And the dumb swans drub blue
My dabbed bay's dusk, as I hack
This rumpus of shapes
For you to know
How I, a spinning man,
Glory also this star, bird
Roared, sea born, man torn, blood blest.
Hark: I trumpet the place,
From fish to jumping hill! Look:
I build my bellowing ark
To the best of my love
As the flood begins,
Out of the fountainhead
Of fear, rage red, manalive,
Molten and mountainous to stream
Over the wound asleep
Sheep white hollow farms
To Wales in my arms.
Hoo, there, in castle keep,
you king singsong owls, who moonbeam
The flickering runs and dive
The dingle furred deer dead!
Huloo, on plumbed bryns,
O my rufiled ring dove
in the hooting, nearly dark
With Welsh and reverent rook,
Coo rooing the woods' praise,
Who moons her blue from her nest
Down to the curlew herd!
Ho, hullaballoing clan
Agape, with woe
In your beaks, on the gabbing capes!
Heigh, on horseback hill, jack
Whisking hare! who
Hears, there, this fox light, my flood ship's
Clangour as I hew and smite
(A clash of anvils for my
Hubbub and fiddle, this tune
On a tongued puffball)
But animals thick as thieves

In questa notte canicolare. Verso il mare,
Il sole scivola ormai tutto consunto, salmone,
E i cigni muti becchettano azzurri il crepuscolo
Della mia baia picchiettata, mentre làcero
Questa baruffa di forme
Perché sappiate che io, trottola umana,
Vanto anche questa stella, strepitata
Dagli uccelli, nata dal mare,
Tormentata dall'uomo e benedetta
Dal sangue. Ascoltate: con suoni di tromba
Annuncio questo luogo, dal pesce al colle balzante! Guardate:
Questa mugghiante arca edifico con tutto
L'amore a me possibile, mentre il diluvio sgorga dalla fonte
Della paura come rossa furia, vivente,
E montagnoso e liquefatto precipita
Sulle vuote ferite assonnate
Fattorie della valle bianche-pecora
Fino al Galles che sta fra le mie braccia. Ehi,
Là nel torrione del castello, voi,
Civette, monotone regine che di luna
Illuminate i corsi tremolanti, e affogate con tuffi
I teneri animali impellicciati.
Ehi, tu, sui colli scandagliati o mia colomba
Tutta arruffata nello strepitìo del quasi
Completamente buio
Con la cornacchia gallese reverente
Che tubagracchia la lode dei boschi
Luneggiando dal nido le sue note azzurre
Là sul gregge dei chiurli!
Olà tribù schiamazzante a gola aperta
Col malaugurio nei becchi
Sui promontori in fitto chiaccherìo!
Ehi, sulla groppa del colle la lepre
Che guizza come un luccio! chi ascolta
Laggiù in questa luce volpina il clamore
Della mia nave da diluvio mentre
Percuoto e spacco (un cozzare d'incudini
Per il mio urlare ed il mio sviolinare,
Per questa mia aria
Su una vescia di lupo con la lingua)
Salvo animali amici come ladri

On God's rough tumbling grounds
(Hail to His beasthood!).
Beasts who sleep good and thin,
Hist, in hogsback woods! The haystacked
Hollow farms in a throng
Of waters cluck and cling,
And barnroofs cockcrow war!
O kingdom of neighbours, finned
Felled and quilled, flash to my patch
Work ark and the moonshine
Drinking Noah of the bay,
With pelt, and scale, and fleece:
Only the drowned deep bells
Of sheep and churches noise
Poor peace as the sun sets
And dark shoals every holy field.
We will ride out alone, and then,
Under the stars of Wales,
Cry, Multitudes of arks! Across
The water lidded lands,
Manned with their loves they'll move,
Like wooden islands, hill to hill.
Huloo, my prowed dove with a flute!
Ahoy, old, sea-legged fox,
Tom tit and Dai mouse!
My ark sings in the sun
At God speeded summer's end
And the flood flowers now.

Sulle ruvide terre ruzzolanti
Di Dio (e sia gloria
Alla sua Animalità!). Bestie che dormite
Disperse e serene, in silenzio,
Nei boschi inarcati!
Le fattorie della valle ammucchiate come fieno
In un affollamento
Di acque s'aggrappano e chiocciano,
E i tetti dei granai cantano come galli guerra!
Oh regno dei miei vicini, pinnato
Peloso e piumato, precipitoso gèttati
Alla mia arca lavoro rattoppato
E al tracannante luna Noè della baia,
Con pelliccia squama e vello:
Soltanto le sommerse profonde campane
Dei greggi e delle chiese rumoreggiano
Umile pace mentre il sole scivola
Ed il buio risucchia tutti i campi sacri.
Cavalcheremo fuori solitari, e allora
Sotto le stelle del Galles grideremo,
Moltitudini d'Arche! Attraverso le terre
Con le palpebre d'acqua e con i loro
Equipaggi d'amore avanzeranno
Come isole lignee da una collina all'altra.
Ah mia colomba prodiera con un flauto!
Ehi, vecchia volpe con zampe di mare,
Uccellino Belverde e Sorcio Scricchio! La mia
Arca canta nel sole alla fine
Della rapida estate di Dio, e ora il diluvio fiorisce.

I SEE THE BOYS OF SUMMER

I

I see the boys of summer in their ruin
Lay the gold tithings[1] barren,
Setting no store by harvest, freeze the soils;
These in their heat the winter floods
Of frozen loves they fetch their girls,
And drown the cargoed apples in their tides[2].

These boys of light are curdlers in their folly,
Sour the boiling honey;
The jacks of frost they finger in the hives;
There in the sun the frigid threads
Of doubt and dark they feed their nerves;
The signal moon is zero in their voids.

I see the summer children in their mothers
Split up the brawned womb's weathers,
Divide the night and day with fairy thumbs;
There in the deep with quartered shades
Of sun and moon they paint their dams
As sunlight paints the shelling of their heads.

I see that from these boys shall men of nothing
Stature by seedy shifting,
Or lame the air with leaping from its heats;
There from their hearts the dogdayed pulse
Of love and light bursts in their throats.
O see the pulse of summer in the ice[3].

VEDO I RAGAZZI DELL'ESTATE

I

Nella loro rovina vedo i ragazzi dell'estate
Desolare i campi d'oro,
Trascurare la messe, raggelare il suolo;
E là inondazioni d'inverno di gelidi amori
Alle loro ragazze nel proprio ardore conducono,
Nelle loro maree naufragano tutto il carico di mele.

Questi ragazzi di luce nella follia si raggrumano,
E inacidiscono il miele bollente;
Negli alveari, col dito, toccano cotte di gelo;
Laggiù nel sole con frigidi fili
Di dubbio e oscurità nutrono i loro nervi;
Nei loro vuoti è zero il segnale di luna.

Vedo i bambini dell'estate nelle loro madri
Fendere le muscolose intemperie del grembo,
Notte e giorno dividere con pollici fatati;
Laggiù nel fondo con ombre acquartierate
Di sole e luna le loro pareti dipingono
Come la luce del sole dipinge il guscio delle loro teste.

Da questi ragazzi m'accorgo che uomini da nulla
Per movimenti ricchi di semi germoglieranno,
O azzopperanno l'aria dai suoi calori balzando;
Laggiù nei loro cuori il palpito canicolare
D'amore e luce esplode nelle loro gole.
Oh vedi il palpito, nel ghiaccio, dell'estate.

II

But seasons must be challenged or they totter
Into a chiming quarter
Where, punctual as death, we ring the stars;
There, in his night, the black-tongued bells
The sleepy man of winter pulls,
Nor blows back moon-and-midnight as she blows.

We are the dark deniers, let us summon
Death from a summer woman,
A muscling life from lovers in their cramp,
From the fair dead who flush the sea
The bright-eyed worm on Davy's lamp[4],
And from the planted womb the man of straw.

We summer boys in this four-winded spinning,
Green of the seaweeds' iron,
Hold up the noisy sea and drop her birds,
Pick the world's ball of wave and froth
To choke the deserts with her tides,
And comb the country gardens for a wreath.

In spring we cross our foreheads with the holly,
Heigh to the blood and berry,
And nail the merry squires to the trees;
Here love's damp muscle dries and dies,
Here break a kiss in no love's quarry.
O see the poles of promise in the boys.

III

I see you boys of summer in your ruin.
Man in his maggot's barren.
And boys are full and foreign in the pouch.
I am the man your father was.
We are the sons of flint and pitch.
O see the poles are kissing as they cross.

II

Ma si dovranno sfidare le stagioni, o entreranno
Vacillando in un quartiere di suoni, dove
Puntuali come la morte faremo squillare le stelle;
Laggiù, nella sua notte, l'insonnolito uomo dell'inverno
Scuote campane di nero linguaggio,
Né le respinge la luna-e-mezzanotte quando soffia.

Noi siamo coloro che negano oscuri, evochiamo
La morte da una donna dell'estate,
Dagli amanti avvinghiati una vita muscolosa,
Dai morti d'aspetto gentile che inondano il mare
Il verme dall'occhio lucente sulla lampada di Davy,
L'uomo di paglia dal ventre seminato.

Noi ragazzi dell'estate, in questa tramatura a quattro venti
Verde del ferro dell'alghe marine, sosteniamo
Il mare fragoroso e lasciamo cadere i suoi uccelli,
Raccogliamo la sfera del mondo di flutti e di schiuma
Per soffocare i deserti con le sue maree,
E pettiniamo i giardini delle contee per farne una ghirlanda.

A primavera ci segnamo la fronte con l'agrifoglio,
Sia gloria al sangue e alla bacca,
E inchiodiamo agli alberi gli allegri signorotti di campagna;
Qui l'umido muscolo dell'amore si dissecca e muore,
Qui nella cava di nessun amore spezziamo un bacio.
Oh vedi i pali della promessa nei ragazzi.

III

Io vi vedo, ragazzi dell'estate, nella vostra rovina.
L'uomo è sterile nella sua larva.
E nella sacca i ragazzi sono pieni e stranieri.
Io sono l'uomo che fu vostro padre.
Noi siamo i figli della selce e della pece.
Oh vedi i pali che si baciano incrociandosi.

A PROCESS IN THE WEATHER OF THE HEART

A process in the weather of the heart
Turns damp to dry; the golden shot
Storms in the freezing tomb.
A weather in the quarter of the veins
Turns night to day; blood in their suns
Lights up the living worm.

A process in the eye forewarns
The bones of blindness; and the womb
Drives in a death as life leaks out.

A darkness in the weather of the eye
Is half its light; the fathomed sea
Breaks on unangled land.
The seed that makes a forest of the loin
Forks half its fruit; and half drops down,
Slow in a sleeping wind.

A weather in the flesh and bone
Is damp and dry; the quick and dead
Move like two ghosts before the eye.

A process in the weather of the world
Turns ghost to ghost; each mothered child
Sits in their double shade.
A process blows the moon into the sun,
Pulls down the shabby curtains of the skin;
And the heart gives up its dead.

UN PROCESSO NEL TEMPO DEL CUORE

Un processo nel tempo del cuore
Muta l'umidità in secchezza; nella tomba gelida
La dorata esplosione si scatena.
Un tempo nel territorio delle vene
Muta la notte in giorno; nei loro soli il sangue
Accende il verme vivo.

Un processo nell'occhio premonisce
Le ossa della cecità; e il ventre
Vi introduce una morte mentre la vita sgorga.

Un buio nel tempo dell'occhio
È metà la sua luce; il mare sondato si schianta
Contro una terra senz'angoli.
Il seme che rende foresta le reni
Biforca il suo frutto; e la metà ne cade
Lentamente in un vento di sonno.

Un tempo nella carne e nell'osso
È umidità e secchezza; il vivo e il morto
Muovono come due spettri avanti all'occhio.

Un processo nel tempo del mondo
Muta spettro in spettro; generato di madre ogni bimbo
Nella loro ombra duplice siede.
Un processo sospinge la luna nel sole,
Strappa le logore cortine della pelle;
E il cuore restituisce i suoi morti.

THE FORCE THAT THROUGH THE GREEN FUSE DRIVES THE FLOWER

The force that through the green fuse drives the flower
Drives my green age; that blasts the roots of trees
Is my destroyer.
And I am dumb to tell the crooked rose
My youth is bent by the same wintry fever.

The force that drives the water through the rocks
Drives my red blood; that dries the mouthing streams
Turns mine to wax.
And I am dumb to mouth unto my veins
How at the mountain spring the same mouth sucks.

The hand that whirls the water in the pool
Stirs the quicksand; that ropes the blowing wind
Hauls my shroud sail [1].
And I am dumb to tell the hanging man
How of my clay is made the hangman's lime [2].

The lips of time leech to the fountain head;
Love drips and gathers, but the fallen blood
Shall calm her sores.
And I am dumb to tell a weather's wind
How time has ticked a heaven round the stars.

And I am dumb to tell the lover's tomb
How at my sheet goes the same croocked worm.

LA FORZA CHE ATTRAVERSO LA VERDE MICCIA SOSPINGE IL FIORE

La forza che attraverso la verde miccia sospinge il fiore
Sospinge la mia verde età; quella che spacca le radici agli
alberi
È la mia distruttrice.
E io sono muto per dire alla rosa contorta
Come la mia giovinezza è piegata da identica febbre invernale.

La forza che l'acqua sospinge attraverso le rocce
Sospinge il mio rosso sangue; quella che asciuga alla foce le
correnti
Le mie trasforma in cera.
E io sono muto per gridare alle mie vene
Come alla fonte montana la stessa bocca sugge.

La mano che mùlina l'acqua allo stagno
Agita sabbie mobili; quella che allaccia il soffiare del vento
Tende la vela del mio sudario.
E io sono muto per dire all'impiccato
Come della mia creta sia fatta la calce del carnefice.

Dal capo della fonte le labbra del tempo risucchiano;
Amore stilla e si raccoglie, ma il sangue versato
Allevierà le piaghe del mio amore.
E io sono muto per dire al vento della stagione
Come attorno alle stelle il tempo abbia scandito un cielo.

E io sono muto per dire alla tomba dell'amante
Come lo stesso verme contorto s'avvìa al mio sudario.

MY HERO BARES HIS NERVES

My hero bares his nerves along my wrist
That rules from wrist to shoulder,
Unpacks the head that, like a sleepy ghost,
Leans on my mortal ruler,
The proud spine spurning turn and twist.

And these poor nerves so wired to the skull
Ache on the lovelorn paper
I hug to love with my unruly scrawl
That utters all love hunger
And tells the page the empty ill.

My hero bares my side and sees his heart
Tread, like a naked Venus,
The beach of flesh, and wind her bloodred plait;
Stripping my loin of promise,
He promises a secret heat.

He holds the wire from this box of nerves
Praising the mortal error
Of birth and death, the two sad knaves of thieves,
And the hunger's emperor;
He pulls the chain, the cistern moves.

METTE A NUDO I SUOI NERVI IL MIO EROE

Mette a nudo i suoi nervi il mio eroe lungo il polso
Che mi governa dal polso alle spalle,
E svolge il pacco del capo, fantasma insonnolito che si china
Sul mio mortale sovrano, orgogliosa
Spina dorsale sprezzante piegata e contorta.

E questi poveri nervi così cuciti al cranio
Soffrono sulla carta desolata
Che abbraccio per amare col mio sgorbio
Disordinato che esprime ogni fame d'amore,
E alla pagina annuncia la vuota malattia.

Mette a nudo il mio fianco il mio eroe e scorge il proprio
cuore
Che come nuda Venere calpesta
La spiaggia della carne, e torce la sua treccia rossosangue;
Spogliando le mie reni di promessa,
Mi promette un ardore segreto.

Da questa scatola di nervi afferra il filo
Lodando l'errore mortale
Di nascita e morte, quelle due triste canaglie di ladri,
E l'imperatore del desiderio;
Poi tira la catena, e svuota la cisterna.

WHERE ONCE THE WATERS OF YOUR FACE

Where once the waters of your face
Spun to my screws, your dry ghost blows,
The dead turns up its eye;
Where once the mermen through your ice
Pushed up their hair, the dry wind steers
Through salt and root and roe.

Where once your green knots sank their splice
Into the tided cord, there goes
The green unraveller,
His scissors oiled, his knife hung loose
To cut the channels at their source
And lay the wet fruits low.

Invisible, your clocking tides
Break on the lovebeds of the weeds;
The weed of love's left dry;
There round about your stones the shades
Of children go who, from their voids,
Cry to the dolphined sea.

Dry as a tomb, your coloured lids
Shall not be latched while magic glides
Sage on the earth and sky;
There shall be corals in your beds,
There shall be serpents in your tides,
Till all our sea-faiths die.

DOVE UN TEMPO LE ACQUE DEL TUO VISO

Dove un tempo le acque del tuo viso
Vorticavano alle mie eliche, il tuo arido spettro
Sibila e il morto rovescia i suoi occhi;
Dove un tempo i tritoni attraverso il tuo ghiaccio
Spingevano fuori i capelli, l'arido vento fa rotta
Fra il sale le radici e uova di pesce.

Dove i tuoi nodi verdi affondavano un tempo la loro
piombatura
Nel cordame sommerso da maree, laggiù procede
Colui che verde dìstrica
Con le sue forbici oliate, e il coltello che pende
Libero per tagliare i canali alla sorgente,
Per deporre più in basso umidi frutti.

Le tue regolari maree irrompono invisibili
Sui letti amorosi dell'alghe,
L'erba d'amore è lasciata a seccarsi;
Là attorno alle tue pietre
Corrono ombre di fanciulli che dai loro vuoti
Si lamentano al mare delfinoso.

Aride come tomba, le tue ciglia colorate
Non saranno richiuse quando saggia
Una magìa scivolerà su terra e cielo;
Vi saranno coralli nei tuoi letti,
Vi saranno serpenti nelle tue maree,
Finché tutte le nostre fedi marine morranno.

OUR EUNUCH DREAMS

I

Our eunuch dreams, all seedless in the light,
Of light and love, the tempers of the heart,
Whack their boys' limbs,
And, winding-footed in their shawl and sheet,
Groom the dark brides, the widows of the night
Fold in their arms.

The shades of girls, all flavoured from their shrouds,
When sunlight goes are sundered from the worm,
The bones of men, the broken in their beds,
By midnight pulleys that unhouse the tomb.

II

In this our age the gunman and his moll,
Two one-dimensioned ghosts, love on a reel,
Strange to our solid eye,
And speak their midnight nothings as they swell;
When cameras shut they hurry to their hole
Down in the yard of day.

They dance between their arclamps and our skull,
Impose their shots, throwing the nights away;
We watch the show of shadows kiss or kill,
Flavoured of celluloid give love the lie.

I NOSTRI SOGNI EUNUCHI

I

I nostri sogni eunuchi, senza semi nella luce,
Di luce e amore, gli umori del cuore,
Percuotono le membra dei loro ragazzi,
E nello scialle, nel loro lenzuolo governano
Con piedi sinuosi oscure spose, le vedove notturne
Che tengono raccolte nelle braccia.

L'ombre delle ragazze fragranti nei loro sudari
Quando la luce del sole s'attenua si staccano dal verme,
Dalle ossa degli uomini, a pezzi nei letti,
Sloggiate dalla tomba dalle pulegge della mezzanotte.

II

In questa nostra età il pistolero e la pupa,
Due spettri ad una sola dimensione, si amano
Su una bobina, piuttosto strani al nostro occhio solido,
E mentre si dilatano parlano i loro nulla di mezzanotte;
Quando le macchine da ripresa si bloccano
Fuggono al loro buco, giù, nel deposito del giorno.

Danzano fra le loro lampade e il nostro cranio,
Impongono le loro inquadrature, gettando via le notti;
Guardiamo lo spettacolo dell'ombre baciarsi od uccidere,
In un gusto di celluloide rendere tutto l'amore una
menzogna.

III

Which is the world? Of our two sleepings, which
Shall fall awake when cures and their itch
Raise up this red-eyed earth?
Pack off the shapes of daylight and their starch,
The sunny gentlemen, the Welshing rich,
Or drive the night-geared forth.

The photograph is married to the eye,
Grafts on its bride one-sided skins of truth;
The dream has sucked the sleeper of his faith
That shrouded men might marrow as they fly.

IV

This is the world: the lying likeness of
Our strips of stuff that tatter as we move
Loving and being loth;
The dream that kicks the buried from their sack
And lets their trash be honoured as the quick.
This is the world. Have faith.

For we shall be a shouter like the cock,
Blowing the old dead back; our shots shall smack
The image from the plates;
And we shall be fit fellows for a life,
And who remain shall flower as they love,
Praise to our faring hearts.

III

Qual è il mondo? Dei nostri due sonni, quale
Si sveglierà di colpo quando la guarigione e il suo prurito
Solleveranno questa terra dagli occhi rossi?
Scacciate le forme del giorno, la loro rigidezza,
I gentiluomini assolati, il ricco che non paga,
Spingete avanti la notte equipaggiata.

La fotografia si sposa all'occhio, trapianta sul consorte
Unilaterali brandelli di verità; il sogno
Ha risucchiato al dormiente la sua fede, che uomini
Ravvolti nel sudario si possano, volando, risolidificare.

IV

È questo il mondo: bugiarda apparenza
Dei nostri fotogrammi di sostanza, lacerati
Nel nostro amare ed essere respinti;
Sogno che scalcia i sepolti dalla loro sacca
E onora i loro rifiuti come si onorano i vivi.
È questo il mondo. Abbiate fede.

Perché noi grideremo come grida il gallo,
Respingendo i vecchi morti; i nostri scatti
Faranno schioccare l'immagine dalle lastre;
Saremo i giusti compagni di una vita,
Quelli che restano rifioriranno amando,
Sia lode ai nostri cuori che prendono commiato.

ESPECIALLY WHEN THE OCTOBER WIND

Especially when the October wind
With frosty fingers punishes my hair,
Caught by the crabbing sun I walk on fire
And cast a shadow crab upon the land,
By the sea's side, hearing the noise of bird,
Hearing the raven cough in winter sticks,
My busy heart who shudders as she talks
Sheds the syllabic blood and drains her words.

Shut, too, in a tower of words, I mark
On the horizon walking, like the trees
The wordy shapes of women, and the rows
Of the star-gestured children in the park.
Some let me make you of the vowelled beeches,
Some of the oaken voices, from the roots
Of many a thorny shire tell you notes,
Some let me make you of the water's speeches.

Behind a pot of ferns the wagging clock
Tells me the hour's word, the neural meaning
Flies on the shafted disk, declaims the morning
And tells the windy weather in the cock.
Some let me make you of the meadow's signs;
The signal grass that tells me all I know
Breaks with the wormy winter through the eye.
Some let me tell you of the raven's sins.

Especially when the October wind
(Some let me make you of autumnal spells,
The spider-tongued, and the loud hill of Wales)
With fists of turnips punishes the land,

SPECIALMENTE SE IL VENTO D'OTTOBRE

Specialmente se il vento d'ottobre
Con dita di gelo punisce i miei capelli,
Afferrato dal sole che aggranchia cammino sul fuoco
E getto un granchio d'ombra sulla terra,
Sulla riva del mare uno strepito udendo d'uccelli,
Udendo il corvo tossire su stecchi invernali,
Il mio cuore affannato mentre lei parla palpita,
Sparge il sillabico sangue, le sue parole assorbe.

Chiuso dentro una torre di parole io stesso traccio
Forme verbose di donne sull'orizzonte che
Cammina come gli alberi, e nel parco
Le file dei fanciulli dai gesti stellari.
Lasciate che vi crei con vocali di faggi,
Alcune con voce di quercia, fino dalle radici vi dica
Di molte note una contea spinosa, lasciate
Che coi discorsi dell'acqua vi crei.

Dietro un vaso di felci la pendola oscilla
E dell'ora mi dice la parola, il suo senso nervoso
Vola sul disco frecciato, declama il mattino,
Il gallo a banderuola annuncia vento.
Lasciate che vi crei con i segni del prato;
L'erba segnale mi dice tutto ciò che so,
Col verminoso inverno mi penetra l'occhio.
Lasciate che io vi racconti i peccati del corvo.

Specialmente se il vento d'ottobre (e lasciate
Che io vi crei con incanti d'autunno,
Con lingua di ragno e sonora collina del Galles)
Con pugni di rape punisce la terra, lasciate

Some let make you of the heartless words.
The heart is drained that, spelling in the scurry
Of chemic blood, warned of the coming fury.
By the sea's side hear the dark-vowelled birds.

Che con impietose parole vi crei.
È disseccato il cuore che sillabando nello sgambettìo
Dell'alchemico sangue avvertì che la furia era in cammino.
Sulla riva del mare udite uccelli dai cupi vocalizzi.

FROM LOVE'S FIRST FEVER TO HER PLAGUE

From love's first fever to her plague, from the soft second
And to the hollow minute of the womb,
From the unfolding to the scissored caul,
The time for breast and the green apron age
When no mouth stirred about the hanging famine,
All world was one, one windy nothing,
My world was christened in a stream of milk.
And earth and sky were as one airy hill,
The sun and moon shed one white light.

From the first print of the unshodden foot, the lifting
Hand, the breaking of the hair,
From the first secret of the heart, the warning ghost,
And to the first dumb wonder at the flesh,
The sun was red, the moon was grey,
The earth and sky were as two mountains meeting.

The body prospered, teeth in the marrowed gums,
The growing bones, the rumour of manseed
Within the hallowed gland, blood blessed the heart,
And the four winds, that had long blown as one,
Shone in my ears the light of sound,
Called in my eyes the sound of light.
And yellow was the multiplying sand,
Each golden grain spat life into its fellow,
Green was the singing house.

The plum my mother picked matured slowly,
The boy she dropped from darkness at her side
Into the sided lap of light grew strong,
Was muscled, matted, wise to the crying thigh

DALLA PRIMA FEBBRE D'AMORE ALLA SUA PESTE

Dalla prima febbre d'amore alla sua peste, dal soffice
    secondo
E al vuoto minuto del grembo, dall'amnio
Che non si schiude all'amnio sforbiciato,
E il tempo come seno, età verde grembiale,
Quando nessuna bocca attizzava la fame sospesa,
Tutto il mondo era uno, era un ventoso nulla,
Mio mondo battezzato in un fiume di latte.
E terra e cielo un'ariosa collina,
E sole e luna emanavano una luce bianca.

Dalla prima impronta del piede scalzo,
La mano che si leva, la spaccatura del capello,
Dal primo segreto del cuore, lo spettro che ammonisce.
E al primo muto stupore della carne,
Il sole era rosso, la luna era grigia,
La terra e il cielo erano due montagne che si incontrano.

Il corpo migliorato, denti nelle gengive di midollo,
Ossa che crescono, e il chiacchericcio del seme dell'uomo
Nella sacra glandola, il sangue benediceva il cuore,
E i quattro venti che a lungo avevano soffiato come uno,
Mi brillarono negli orecchi la luce del suono,
Chiamarono ai miei occhi il suono della luce.
E gialla era la sabbia che si moltiplicava,
Ogni granello dorato scoccava vita al suo simile,
E verde era la casa che cantava.

La prugna che mia madre aveva colto maturava lenta,
Il ragazzo riversato dalla tenebra al suo fianco
Fra le pareti del grembo di luce era sempre più forte,
E muscoloso, arruffato, saggio alla coscia urlante

And to the voice that, like a voice of hunger,
Itched in the noise of wind and sun.

And from the first declension of the flesh
I learnt man's tongue, to twist the shapes of thoughts
Into the stony idiom of the brain,
To shade and knit anew the patch of words
Left by the dead who, in their moonless acre,
Need no word's warmth.
The root of tongues ends in a spentout cancer,
That but a name, where maggots have their X.

I learnt the verbs of will, and had my secret;
The code of night tapped on my tongue;
What had been one was many sounding minded.

One womb, one mind, spewed out the matter,
One breast gave suck the fever's issue;
From the divorcing sky I learnt the double,
The two-framed globe that spun into a score;
A million minds gave suck to such a bud
As forks my eye;
Youth did condense; the tears of spring
Dissolved in summer and the hundred seasons;
One sun, one manna, warmed and fed.

E alla voce che come una voce di voglia
Si struggeva al rumore del vento e del sole.

E dal primo declino della carne
Appresi la lingua dell'uomo, a plasmare le forme dei
pensieri
Nell'idioma petroso del cervello,
A riordinare e a rammendare la pezza di parole
Lasciata dai morti, che nel campo illune
Non han bisogno di caldo di parola.
La radice delle lingue finisce in un cancro consunto,
Nient'altro che un nome dove le larve hanno la loro X.

Appresi i verbi imperativi, ed ebbi il mio segreto;
Il codice della notte batteva sulla mia lingua;
Ciò che era stato uno fu molti di mente sonora.

Un grembo, una mente, vomitavano la sostanza,
Una mammella dava la poppata alla prole della febbre;
Dal cielo divorziante appresi il duplice
Globo a doppia armatura rotante in una tacca;
Un milione di menti diede la poppata
A un simile germoglio mentre il mio occhio si diramava;
Si condensava la gioventù; le lacrime della primavera
Si dissolsero in estate e le cento stagioni;
Un sole, una manna, calore e nutrimento.

IN THE BEGINNING [1]

In the beginning was the three-pointed star,
One smile of light across the empty face;
One bough of bone across the rooting air,
The substance forked that marrowed the first sun;
And, burning ciphers on the round of space,
Heaven and hell mixed as they spun.

In the beginning was the pale signature,
Three-syllabled and starry as the smile;
And after came the imprints on the water,
Stamp of the minted face upon the moon;
The blood that touched the crosstree and the grail [2]
Touched the first cloud and left a sign.

In the beginning was the mounting fire
That set alight the weathers from a spark,
A three-eyed, red-eyed spark, blunt as a flower;
Life rose and spouted from the rolling seas,
Burst in the roots. pumped from the earth and rock
The secret oils that drive the grass.

In the beginning was the word [3], the word
That from the solid bases of the light
Abstracted all the letters of the void;
And from the cloudy bases of the breath
The word flowed up, translating to the heart
First characters of birth and death.

In the beginning was the secret brain.
The brain was celled and soldered in the thought
Before the pitch was forking to a sun;

IN PRINCIPIO

In principio la stella a tre punte,
Un sorriso di luce per il volto vuoto;
Un ramo d'osso per l'aria che si radica,
La biforcata sostanza che irrigidì il primo sole;
E come cifre roventi sul cerchio dello spazio
Cielo e inferno che ruotano frammisti.

In principio era la firma pallida,
Trisillabata e stellare come il sorriso;
E poi vennero l'orme sull'acqua,
Stampo del volto coniato sulla luna;
Il sangue che toccò la croce e il graal
Toccò la prima nuvola e vi impresse un segno.

In principio era il fuoco ascendente
Che accese le stagioni a una scintilla, scintilla
Con tre occhi, occhi rossi, smussata come un fiore;
Dai mari vorticanti sorse e sgorgò la vita,
Scoppiò nelle radici, pompò da terra e roccia
Gli oli segreti che guidano l'erba.

In principio era il verbo, la parola
Che dalle solide basi della luce
Astrasse tutte le lettere del vuoto;
E dalle annuvolate basi del respiro
Fluendo salì la parola, traducendo al cuore
Primi caratteri di nascita e di morte.

In principio era il cervello segreto.
Il cervello racchiuso e saldato nel pensiero
Avanti che la pece si biforcasse a un sole;

Before the veins were shaking in their sieve,
Blood shot and scattered to the winds of light
The ribbed original of love.

Avanti che le vene fossero scosse nel loro setaccio
Il sangue scaricò e disperse ai venti della luce
Il costoluto originale dell'amore.

ALL ALL AND ALL THE DRY WORLDS LEVER

I

All all and all the dry worlds lever,
Stage of the ice, the solid ocean,
All from the oil, the pound of lava.
City of spring, the governed flower,
Turn in the earth that turns the ashen
Towns around on a wheel of fire.

How now my flesh, my naked fellow,
Dug of the sea, the glanded morrow,
Worm in the scalp, the staked and fallow.
All all and all, the corpse's lover,
Skinny as sin, the foaming marrow,
All of the flesh, the dry worlds lever.

II

Fear not the working world, my mortal,
Fear not the flat, synthetic blood,
Nor the heart in the ribbing metal.
Fear not the tread, the seeded milling,
The trigger and scythe, the bridal blade,
Nor the flint in the lover's mauling.

Man of my flesh, the jawbone riven,
Know now the flesh's lock and vice,
And the cage for the scythe-eyed raven.
Know, O my bone, the jointed lever,
Fear not the screws that turn the voice,
And the face to the driven lover.

TUTTO TUTTO E TUTTO GLI ARIDI MONDI SOLLEVANO

I

Tutto tutto e tutto gli aridi mondi sollevano,
Il basamento del ghiaccio, il solido oceano,
Tutto dall'olio, dall'urto della lava.
Città di primavera, il fiore governato,
Ruotano dentro la terra che ruota
Le città incenerite su un cerchio di fuoco.

Eccoti ora mia carne, mio compagno nudo,
Mammella del mare, domani membruto,
Verme nel cranio, recinta e incolta.
Tutto tutto e tutto, l'amante della spoglia,
Sparuto come il peccato, schiumose le midolla,
Della carne ogni cosa sollevano gli aridi mondi.

II

Paura non ti arrechi il laborioso mondo, mia mortale,
Paura non ti arrechi il piatto, sintetico sangue,
Non il cuore in metallo costoluto.
Non temere lo stampo, il macinarsi semìneo,
Il grilletto e la falce, la lama nunziale,
Né la pietra focaia nella percossa dell'amante.

Uomo della mia carne, mandibola spaccata,
Conosci la tenaglia, il serrame della carne,
E la gabbia del corvo dagli occhi di falce.
Conosci, oh mio osso, la leva articolata,
Non temere le eliche che turbinano
La voce e il volto all'amante respinto.

III

All all and all the dry worlds couple,
Ghost with her ghost, contagious man
With the womb of his shapeless people.
All that shapes from the caul and suckle,
Stroke of mechanical flesh on mine,
Square in these worlds the mortal circle.

Flower, flower the people's fusion,
O light in zenith, the coupled bud,
And the flame in the flesh's vision.
Out of the sea, the drive of oil,
Socket and grave, the brassy blood,
Flower, flower, all all and all.

III

Tutto tutto e tutto gli aridi mondi accoppiano,
Ogni fantasma con la sua fantasima, l'uomo in contagio
Col grembo di sua gente senza forma.
Tutto ciò che da amnio e mammella si forma,
Urto di carne meccanica contro la mia,
Quadrate in questi mondi il circolo mortale.

Fiore fiorisci il fondersi di tutta la gente,
O luce nello zenit, o bocciolo accoppiato,
E la fiamma nella visione della carne.
Fuori dal mare, impeto dell'olio,
Orbita e tomba, sangue pretenzioso,
Fiore fiorisci, tutto tutto e tutto.

I, IN MY INTRICATE IMAGE

I

I, in my intricate image, stride on two levels,
Forged in man's minerals, the brassy orator
Laying my ghost in metal,
The scales of this twin world tread on the double,
My half ghost in armour hold hard in death's corridor,
To my man-iron sidle.

Beginning with doom in the bulb, the spring unravels,
Bright as her spinning-wheels, the colic season
Worked on a world of petals;
She threads off the sap and needles, blood and bubble
Casts to the pine roots, raising man like a mountain
Out of the naked entrail.

Beginning with doom in the ghost, and the springing marvels,
Image of images, my metal phantom
Forcing forth through the marebell,
My man of leaves and the bronze root, mortal, unmortal,
I, in my fusion of rose and male motion,
Create this twin miracle.

This is the fortune of manhood: the natural peril,
A steeplejack tower, bonerailed and masterless,
No death more natural;
Thus the shadowless man or ox, and the pictured devil,
In seizure of silence commit the dead nuisance:
The natural parallel.

IO, NELLA MIA INTRICATA IMMAGINE

I

Io, nella mia intricata immagine, a grandi passi avanzo su
due piani,
Forgiato in minerali d'uomo, oratore d'ottone,
Forzo il mio spettro nel metallo,
Premo i due piatti di bilancia di questo duplice mondo,
Questo mio mezzo spettro in armatura tengo saldo
Nel corridoio della morte, al mio uomo di ferro m'accosto
furtivo.

Con la condanna nel bulbo iniziando, la primavera sdipana,
Splendida come i suoi arcolai, la stagione spasmodica
Ricamata su un mondo di petali;
Infila linfa ed aghi, e sangue e bolle attorce
Alle radici del pino, traendo l'uomo come una montagna
Dalle nude viscere.

Con la condanna nello spettro iniziando, e stupori insorgenti,
Immagine d'immagini, mio fantasma di metallo
Che si spinge attraverso la campanula,
Mio uomo di foglie e radice di bronzo, mortale, non mortale,
Io nella mia fusione di rosa e maschio movimento
Questo gemello miracolo creo.

Questa è la buona sorte della virilità: il naturale periglio,
Una torre da conciatetti sbarrata dalle ossa e privata di
guida,
Nessuna morte è più naturale;
Così l'uomo senz'ombra, o il bue, e il demonio dipinto,
In un assalto di silenzio l'errore mortale commettono:
Il naturale parallelo.

My images stalk the trees and the slant sap's tunnel,
No tread more perilous, the green steps and spire
Mount on man's footfall,
I with the wooden insect in the tree of nettles,
In the glass bed of grapes with snail and flower,
Hearing the weather fall.

Intricate manhood of ending, the invalid rivals,
Voyaging clockwise off the symboled harbour,
Finding the water final,
On the consumptives' terrace taking their two farewells,
Sail on the level, the departing adventure,
To the sea-blown arrival.

II

They climb the country pinnacle,
Twelve winds encounter by the white host at pasture,
Corner the mounted meadows in the hill corral;
They see the squirrel stumble,
The haring snail go giddily round the flower,
A quarrel of weathers and trees in the windy spiral.

As they dive, the dust settles,
The cadaverous gravels, fall thick and steadily,
The highroad of water where the seabear and mackerel
Turn the long sea arterial
Turning a petrol face blind to the enemy
Turning the riderless dead by the channel wall.

(Death instrumental,
Splitting the long eye open, and the spiral turnkey,
Your corkscrew grave centred in navel and nipple,
The neck of the nostril,
Under the mask and the ether, they making bloody
The tray of knives, the antiseptic funeral;

Bring out the black patrol,

Negli alberi, e nell'obliqua galleria della linfa
Le mie immagini incedono, non c'è andatura più pericolosa,
Gradini verdi e cuspide s'arrampicano insieme
Sul suono dei passi dell'uomo, io con l'insetto ligneo
Nella pianta d'ortica, nel letto di vetro dell'uva
Con la lumaca e il fiore, ascoltando il cadere del tempo.

Virilità intricata della fine, i due rivali invalidi,
Viaggiando in senso orario dal porto che è un simbolo,
Trovando l'ultimo limite dell'acqua,
Dalla terrazza dei tisici prendendo i loro addii,
Salpano in coppia, avventura della partenza,
Verso l'arrivo soffiato dal mare.

II

S'arrampicano sul pinnacolo campagnolo,
Dodici venti s'incontrano accanto al candido gregge che
pascola,
Accantonano i prati cavalcati nel recinto del colle,
Vedono incespicare lo scoiattolo,
La lumaca lepreggiante in corsa pazza attorno al fiore,
Nella spirale ventosa un litigio di alberi e stagioni.

Come si immergono, la polvere si posa,
Ghiaiette cadaveriche cadono regolari e dense,
La strada maestra dell'acqua dove l'otaria e lo sgombro
Vagano per le lunghe arterie marine
Volgendo al nemico un volto cieco di petrolio
Volgendo il morto senza cavaliere al muro del canale.

(Morte strumentale,
Che fendi il lungo occhio spalancato, e il carceriere a
spirale,
La tua tomba a cavatappi centrata in ombelico e capezzolo,
Il collo della narice,
Sotto la maschera e l'etere, facendo sanguinare
La vaschetta dei bisturi, il funerale antisettico;

Conduci fuori la nera pattuglia,

Your monstrous officers and the decaying army,
The sexton sentinel, garrisoned under thistles,
A cock-on-a-dunghill
Crowing to Lazarus the morning is vanity,
Dust be your saviour under the conjured soil.)

As they drown, the chime travels,
Sweetly the diver's bell in the steeple of spindrift
Rings out the Dead Sea scale;
And, clapped in water till the triton dangles,
Strung by the flaxen whale-weed, from the hangman's raft,
Hear they the salt glass breakers and the tongues of burial.

(Turn the sea-spindle lateral,
The grooved land rotating, that the stylus of lightning
Dazzle this face of voices on the moon-turned table,
Let the wax disk babble
Shames and the damp dishonours, the relic scraping.
These are your years' recorders. The circular world stands
still).

III

They suffer the undead water where the turtle nibbles,
Come unto sea-stuck towers, at the fibre scaling,
The flight of the carnal skull
And the cell-stepped thimble;
Suffer, my topsy-turvies, that a double angel
Sprout from the stony lockers like a tree on Aran.

Be by your one ghost pierced, his pointed ferrule,
Brass and the bodiless image, on a stick of folly
Star-set at Jacob's angle [1],
Smoke hill and hophead's valley,
And the five-fathomed Hamlet on his father's coral,
Thrusting the tom-thumb vision [2] up the iron mile.

I tuoi mostruosi ufficiali e l'armata in disfatta,
La sentinella becchino di guarnigione sotto i cardi,
Un gallo-su-un-mucchio-di-letame
Che canta a Lazzaro il mattino è vanità,
Sia la polvere tua salvatrice sotto lo scongiurato suolo.)

Com'essi annegano lo scampanìo si effonde, e la campana
Del palombaro soavemente nel campanile della spruzzaglia
Suona a distesa la scala del Mar Morto;
E schiaffati nell'acqua finché il tritone non giunga
    dondolandosi,
Strangolati dall'alga-balena colore di lino dalla zattera del
    boia
Odono i frangenti di vetro salato e le lingue della sepoltura.

(Volgi il perno marino di lato,
La scanalata terra che ruota, affinché la puntina del fulmine
Abbarbagli questa faccia di voci sul piatto girato dalla luna,
Lascia che il disco di cera balbetti
Vergogne e disonori umidi, reliquia raschiante.
Questi i registratori dei tuoi anni. Il mondo circolare è
    immobile).

III

Essi sopportano l'acqua non morta dove abbocca la
    testuggine,
Vengono verso le torri sommerse dal mare, alla fibra che si
    sfalda,
Alla fuga del cranio carnale,
E al ditale impresso di cellule;
Sopportate, miei sottosopra, che un angelo doppio
Spunti dalle custodie di pietra come un albero ad Aran.

Siate dal vostro unico spettro penetrati, dal suo puntale
    aguzzo,
Ottone ed incorporea immagine, su una picca di follìa
Fissi come una stella nell'angolo di Giacobbe,
Collina di fumo e vallata di oppio,
E Amleto profondo cinque braccia sul corallo di suo padre,
Scagliando sul miglio di ferro la visione pollicina.

Suffer the slash of vision by the fin-green stubble,
Be by the ships' sea broken at the manstring[3] anchored
The stoved bones' voyage downward
In the shipwreck of muscle;
Give over, lovers, locking, and the seawax struggle,
Love like a mist or fire through the bed of eels.

And in the pincers of the boiling circle,
The sea and instrument, nicked in the locks of time,
My great blood's iron single
In the pouring town,
I, in a wind on fire, from green Adam's cradle,
No man more magical, clawed out the crocodile.

Man was the scales, the death birds on enamel,
Tail, Nile, and snout, a saddler of the rushes,
Time in the hourless houses
Shaking the sea-hatched skull,
And, as for oils and ointments on the flying grail,
All-hollowed man wept for his white apparel.

Man was Cadaver's masker, the harnessing mantle,
Windily master of man was the rotten fathom,
My ghost in his metal neptune
Forged in man's mineral.
This was the god of beginning in the intricate seawhirl,
And my images roared and rose on heaven's hill.

Sopportate lo squarcio della visione della stoppia verde-
pinna,
Siate rotti dal mare delle navi ancorati ad un téndine
Viaggio verso il fondo delle ossa stivate al caldo
Nel naufragio del muscolo;
Lasciate, amanti, la stretta, e la lotta di cera marina,
Amate come nebbia o come fuoco nel letto delle anguille.

E nelle pinze del cerchio bollente,
Mare e strumento, intagliato nei serrami del tempo,
Integro ferro del mio grande sangue
Nella città che si riversa,
Io in un incendio di vento dalla culla del verde Adamo,
Nessun uomo più magico, artigliai il coccodrillo.

L'uomo era squame, uccelli della morte sullo smalto,
Coda, Nilo, e grugno, sellaio di giunchi,
Tempo in case prive d'ore
Che scuotono il teschio covato dal mare,
E quanto ad oli e unguenti sul volante graal
L'uomo svuotato di tutto per le sue vesti candide pianse.

L'uomo mascheratore del Cadavere, mantello a bardatura,
Ventoso maestro dell'uomo era il marcio scandaglio,
Il mio spettro nel suo nettuno di metallo
Forgiato nel minerale dell'uomo.
Questo era il dio del principio nell'intricato gorgo marino,
E le mie immagini ruggirono e si drizzarono sulla collina del
Cielo.

INCARNATE DEVIL

Incarnate devil in a talking snake,
The central plains of Asia in his garden,
In shaping-time the circle stung awake,
In shapes of sin forked out the bearded apple,
And God walked there who was a fiddling warden
And played down pardon from the heavens' hill.

When we were strangers to the guided seas,
A handmade moon half holy in a cloud,
The wisemen tell me that the garden gods
Twined good and evil on an eastern tree;
And when the moon rose windily it was
Black as the beast and paler than the cross.

We in our Eden knew the secret guardian
In sacred waters that no frost could harden,
And in the mighty mornings of the earth;
Hell in a horn of sulphur and the cloven myth,
All heaven in a midnight of the sun,
A serpent fiddled in the shaping-time.

IL DIAVOLO INCARNATO

Il diavolo incarnato in un serpe che parla,
Le pianure centrali dell'Asia nel suo giardino,
Nel tempo che modella pungendo svegliò il cerchio,
In forme di peccato ne trasse con la forca la mela barbuta,
E Dio là camminava guardiano sviolinante
E suonava perdono dal colle dei cieli.

Quando eravamo stranieri ai mari governati,
Una luna fatta a mano mezzo sacra in una nuvola,
Mi raccontano i saggi che gli dei del giardino
Attorcevano insieme il bene e il male a un albero d'oriente;
E quando spinta dal vento la luna sorgeva era nera
Come la bestia e più pallida della croce.

Nel nostro Eden il guardiano segreto conoscemmo
In acque sacre che nessun gelo poteva indurire,
E nei possenti mattini della terra;
L'inferno in uno zoccolo di zolfo ed il mito bisulco,
In una mezzanotte del sole tutto il cielo,
Un serpe sviolinante nel tempo che modella.

HOLD HARD, THESE ANCIENT MINUTES IN THE CUCKOO'S MONTH

Hold hard, these ancient minutes in the cuckoo's month,
Under the lank, fourth folly on Glamorgan's hill [1],
As the green blooms ride upward, to the drive of time;
Time, in a folly's rider, like a county man
Over the vault of ridings with his hound at heel,
Drives forth my men, my children, from the hanging south.

Country, your sport is summer, and December's pools
By crane and water-tower by the seedy trees
Lie this fifth month unskated, and the birds have flown;
Hold hard, my country children in the world of tales,
The greenwood dying as the deer fall in their tracks,
This first and steepled season, to the summer's game.

And now the horns of England, in the sound of shape,
Summon your snowy horsemen, and the four-stringed hill,
Over the sea-gut loudening, sets a rock alive;
Hurdles and guns and railings, as the boulders heave,
Crack like a spring in a vice, bone breaking April,
Spill the lank folly's hunter and the hard-help hope.

Down fall four padding weathers on the scarlet lands,
Stalking my children's faces with a tail of blood,
Time, in a rider rising, from the harnessed valley;
Hold hard, my county darlings, for a hawk descends,

TENETE DURO, QUESTI MINUTI ANTICHI NEL MESE DEL CUCÙ

Tenete duro, questi minuti antichi nel mese del cucù
Sotto la magra, quarta follìa sul colle del Glamorgan
Urgono verso l'alto quando il verde sboccia, alla spinta del
tempo;
Tempo che in un fantino di follìa, simile a un campagnolo
Sulla falcata del galoppo, levriero alle calcagna,
Spinge fuori i miei uomini, i miei bimbi, dal sud impiccato.

Campagna, il tuo gioco è l'estate, e stagni decembrini
Accanto a gru e serbatoi d'acqua e agli alberi in germoglio
Restano inpattinati in questo quinto mese, e gli uccelli
fuggiti;
Tenete duro, miei bimbi di campagna in un mondo di
favole,
Il sempreverde muore e nei loro sentieri i cervi cadono,
In questa prima stagione a pinnacolo, al gioco dell'estate.

E i corni d'Inghilterra, ora, nel suono della forma,
I vostri centauri di neve invitano a raccolta, e la collina
Di quattro corde sull'esca marina strepitando vivifica una
roccia;
E ostacoli e fucili e cancellate, quando le pietre si spostano,
Si schiantano alla morsa come fonti, aprile spaccaossa, e
disarcionano
Il cacciatore di magra follìa, e la speranza tenuta
strettamente.

Sulle terre scarlatte quattro stagioni cadono zampando,
Pedinando la faccia dei miei bimbi con una coda di sangue,
Tempo in un cavaliere che s'impenna dalla valle in briglie,
Tenete duro, miei piccoli cari di campagna, poiché discende
un falco,

Golden Glamorgan straightens, to the falling birds.
Your sport is summer as the spring runs angrily.

Il dorato Glamorgan si drizza, verso gli uccelli che cadono.
Il vostro gioco è l'estate quando la fonte sgorga incollerita.

WAS THERE A TIME

Was there a time when dancers with their fiddles
In children's circuses could stay their troubles?
There was a time they could cry over books,
But time has set its maggot on their track.
Under the arc of the sky they are unsafe.
What's never known is safest in this life.
Under the skysigns they who have no arms
Have cleanest hands, and, as the heartless ghost
Alone's unhurt, so the blind man sees best.

VI FU UN TEMPO

Vi fu un tempo che i danzatori coi loro violini
In circhi da bambini potevano arrestare i loro guai?
Vi fu un tempo che potevano piangere sui libri,
Ma il tempo ha posto il suo verme sul loro sentiero.
Sotto l'arco del cielo non sono più al sicuro.
In questa vita, ciò che non è conosciuto è più al sicuro.
Sotto i segni del cielo chi non ha braccia
Ha mani più pulite, e dato che lo spettro senza cuore
È l'unico a non essere ferito, il cieco vede meglio.

A GRIEF AGO

A grief ago,
She who was who I hold, the fats and flower,
Or, water-lammed, from the scythe-sided thorn,
Hell wind and sea,
A stem cementing, wrestled up the tower,
Rose maid and male,
Or, masted venus, through the paddler's bowl
Sailed up the sun;

Who is my grief,
A chrysalis unwrinkling on the iron,
Wrenched by my fingerman, the leaden bud
Shot through the leaf,
Was who was folded on the rod the aaron
Rose cast to plague,
The horn and ball of water on the frog
Housed in the side.

And she who lies,
Like exodus a chapter from the garden,
Brand of the lily's anger on her ring,
Tugged through the days
Her ropes of heritage, the wars of pardon,
On field and sand
The twelve triangles of the cherub wind
Engraving going.

Who then is she,
She holding me? The people's sea drives on her,
Drives out the father from the caesared camp;
The dens of shape
Shape all her whelps with the long voice of water,

UN DOLORE FA

Un dolore fa,
Quella che era colei che tenevo, grassi e fiore,
O lambita da acque, dal rovo
Smussato dalla falce, vento d'inferno e mare,
Uno stelo che salda, drizzava lottando la torre,
Sorgeva maschio e vergine, o venere
Inalberata dentro la coppa del rematore
Salpava verso il sole;

Colei che è il mio dolore, crisalide
Che si spiana le rughe sul ferro,
Strappata dal mio informatore, il suo boccio di piombo
Esploso attraverso la foglia,
Era colei che era avvolta alla verga
Che aronne forgiò in pestilenza,
Il corno e la palla dell'acqua su quella
Rana che aveva preso alloggio nel suo fianco.

E lei che giace,
Come esodo un capitolo dall'eden,
Marchio di collera di giglio sul suo anello,
Trascinava fra i giorni le sue funi
Di eredità, le guerre della grazia,
Sul prato e sulla sabbia
I dodici triangoli del vento cherubino
Che procedendo incidono.

Chi è dunque costei,
Quella che mi trattiene? La percorre il mare
Del popolo, che spinge fuori il padre dall'accampamento
Cesareo; le tane della forma
Formano tutti i suoi cuccioli alla lunga

That she I have,
The country-handed grave boxed into love,
Rise before dark.

The night is near,
A nitric shape that leaps her, time and acid;
I tell her this: before the suncock cast
Her bone to fire,
Let her inhale her dead, through seed and solid
Draw in their seas,
So cross her hand with their grave gipsy eyes,
And close her fist.

Voce dell'acqua, colei che io posseggo, tomba
Portata a mano dalla campagna in una cassa d'amore,
Prima del buio si leva.

La notte è vicina,
Una nitrica forma che la sbalza, acido e tempo;
Le dico: prima che il gallo del sole
Getti il suo osso nel fuoco,
Aspiri tutti i suoi morti,
Fra seme e suolo vi tragga i suoi mari, si faccia
Un segno di croce sul palmo della mano
Con i loro severi occhi zingari, e poi richiuda il pugno.

EARS IN THE TURRETS HEAR

Ears in the turrets hear
Hands grumble on the door,
Eyes in the gables see
The fingers at the locks.
Shall I unbolt or stay
Alone till the day I die
Unseen by stranger-eyes
In this white house?
Hands, hold you poison or grapes?

Beyond this island bound
By a thin sea of flesh
And a bone coast,
The land lies out of sound
And the hills out of mind.
No birds or flying fish
Disturbs this island's rest.

Ears in this island hear
The wind pass like a fire,
Eyes in this island see
Ships anchor off the bay.
Shall I run to the ships
With the wind in my hair,
Or stay till the day I die
And welcome no sailor?
Ships, hold you poison or grapes?

Hands grumble on the door,
Ships anchor off the bay,
Rain beats the sand and slates.
Shall I let in the stranger,

NELLE PICCOLE TORRI ORECCHI ODONO

Nelle piccole torri orecchi odono
Le mani raspare alla porta,
Occhi negli abbaini vedono
Le dita sulle serrature.
Dovrò aprire, o dovrò rimanere
Da solo fino al giorno della morte
Non visto da occhi stranieri
In questa casa bianca?
Mani, portate grappoli o veleno?

Al di là di quest'isola recinta
Da un mare sottile di carne
E da una costa d'osso,
La terra si stende lontana dal suono,
Le colline lontane dalla mente.
Né uccello né pesce volante
Disturbano il riposo di quest'isola.

Orecchi in quest'isola odono
Il vento che trascorre come un fuoco,
Occhi in quest'isola vedono
Le navi all'àncora fuori dalla baia.
Dovrò correre alle navi
Col vento nei capelli, o rimanere
Fino al giorno della morte, senza dare
Il benvenuto a nessun marinaio?
Navi, portate grappoli o veleno?

Le mani raspano alla porta, le navi
Gettano l'àncora fuori dalla baia,
La pioggia batte la sabbia e le ardesie.
Lascerò entrare lo straniero,

Shall I welcome the sailor,
Or stay till the day I die?

Hands of the stranger and holds of the ships,
Hold you poison or grapes?

Darò il mio benvenuto al marinaio,
O resterò fino al giorno della morte?

Mani dello straniero e stive delle navi,
Cosa portate, grappoli o veleno?

THE HAND THAT SIGNED THE PAPER

The hand that signed the paper felled a city;
Five sovereign fingers taxed the breath,
Doubled the globe of dead and halved a country;
These five kings did a king to death.

The mighty hand leads to a sloping shoulder,
The finger joints are cramped with chalk;
A goose's quill has put an end to murder
That put an end to talk.

The hand that signed the treaty bred a fever,
And famine grew, and locusts came;
Great is the hand that holds dominion over
Man by a scribbled name.

The five kings count the dead but do not soften
The crusted wound nor stroke the brow;
A hand rules pity as a hand rules heaven;
Hands have no tears to flow.

LA MANO CHE FIRMÒ IL TRATTATO

La mano che firmò il trattato fece crollare una città;
Cinque dita sovrane posero un'ipoteca sul respiro,
Raddoppiarono il globo dei morti e dimezzarono un paese;
Quei cinque re un re misero a morte.

La mano possente conduce a una spalla ricurva,
Il gesso contrae le giunture delle dita;
Una penna d'oca ha posto fine al delitto
Che pose fine ad ogni negoziato.

La mano che firmò il trattato produsse una febbre,
La carestia avanzò, e le locuste giunsero; è grande
La mano che tiene in suo dominio l'uomo
Grazie a un nome scribacchiato.

I cinque re contano i morti, ma non possono curare
La ferita incrostata, né spianare la fronte; una mano
Amministra pietà come una mano amministra anche il cielo;
Le mani non hanno lacrime da spargere.

ALTARWISE BY OWL-LIGHT

I

Altarwise by owl-light in the half-way house [1]
The gentleman lay graveward with his furies;
Abaddon [2] in the hangnail cracked from Adam,
And, from his fork, a dog among the fairies,
The atlas-eater with a jaw for news [3],
Bit out the mandrake [4] with to-morrow's scream.
Then, penny-eyed, that gentleman of wounds,
Old cock from nowheres and the heaven's egg,
With bones unbuttoned to the half-way winds [5],
Hatched from the windy salvage on one leg,
Scraped at my cradle in a walking word
That night of time under the Christward shelter:
I am the long world's gentleman, he said,
And share my bed with Capricorn and Cancer.

II

Death is all metaphors, shape in one history;
The child that sucketh long is shooting up,
The planet-ducted pelican of circles
Weans on an artery the gender's strip;
Child of the short spark in a shapeless country
Soon sets alight a long stick from the cradle;
The horizontal cross-bones of Abaddon [6],
You by the cavern over the black stairs [7],
Rung bone and blade, the verticals of Adam,
And, manned by midnight, Jacob to the stars,
Hairs of your head, then said the hollow agent,
Are but the roots of nettles and of feathers

COME UN ALTARE IN LUCE DI CIVETTA

I

Come un altare in luce di civetta nella casa a mezza via
Il signore mentiva rivolto alla sua tomba con le furie;
Abaddon nella pelle dell'unghie strappata da Adamo,
E dalla propria forca, cane fra le fate,
Il divoratore d'atlanti goloso di notizie
Mordicchiò la mandragora con urlo di domani.
Allora, occhidisoldo, quel signore di ferite,
Vecchio gallo venuto dal nulla e dall'uovo del cielo,
Con le ossa slacciate nei venti a mezza via,
Sgusciato fuori su una gamba sola dal relitto di vento,
Raspò alla mia culla con una parola in cammino
Quella notte del tempo nel rifugio orientato su Cristo:
Sono il signore del lungo mondo, egli disse,
E divido il mio letto col Capricorno e il Cancro.

II

La morte è ogni metafora, forma in un'unica storia;
Il bimbo che a lungo succhiò ora di colpo cresce,
Il pellicano dei circoli a condotti planetari
Svezza sopra un'arteria la striscia della specie;
Figlio di breve scintilla in un paese informe
Rapido accende dalla culla un lungo ramoscello;
Le orizzontali ossa a croce di Abaddon,
Tu presso la caverna sulle scale nere,
Osso e lama facesti squillare, i verticali di Adamo,
E dalla mezzanotte armato avventare Giacobbe alle stelle.
I capelli del tuo capo, disse allora il vuoto agente,
Non sono che radici di ortiche e di piume che premono

Over these groundworks thrusting through a pavement
And hemlock-headed in the wood of weathers.

III

First there was the lamb[8] on knocking knees
And three dead seasons on a climbing grave
That Adam's wether in the flock of horns,
Butt of the tree-tailed worm that mounted Eve,
Horned down with skullfoot and the skull of toes
On thunderous pavements in the garden time;
Rip of the vaults, I took my marrow-ladle
Out of the wrinkled undertaker's van,
And, Rip Van Winkle[9] from a timeless cradle,
Dipped me breast-deep in the descended bone;
The black ram, shuffling of the year, old winter,
Alone alive among his mutton fold,
We rung our weathering changes on the ladder,
Said the antipodes, and twice spring chimed.

IV

What is the metre of the dictionary?
The size of genesis? the short spark's gender?
Shade without shape? The shape of Pharaoh's echo?
(My shape of age nagging the wounded whisper).
Which sixth of wind blew out the burning gentry?
Questions are hunchbacks to the poker marrow).
What of a bamboo man among your acres?
Corset the boneyards for a crooked boy?
Button your bodice on a hump of splinters,
My camel's eyes will needle through the shroud.
Love's reflection of the mushroom features,
Stills snapped by night in the bread-sided field,
Once close-up smiling in the wall of pictures,
Arc-lamped thrown back upon the cutting flood.

Su queste fondamenta attraverso un selciato,
E con capo di cicuta nel bosco dei tempi.

III

Prima vi fu l'agnello sulle tremanti ginocchia
E tre stagioni morte su una tomba ascendente
Che il caprone di Adamo nel branco delle corna,
Estremità del verme a coda d'albero che montò Eva, prese
A cornate con piede di teschio e col teschio
Delle dita dei piedi su selciati tonanti nel tempo del giardino;
Rip delle arcate, trassi il mio mestolo di midollo
Dal carro del rugoso imprenditore funebre,
E Rip Van Winkle da una culla atemporale
Mi tuffai fino al petto nell'osso discendente;
Il capro nero, strascichìo dell'anno, antico inverno,
Unico essere vivo nel suo ovile di montoni, facemmo
Risuonare sulla scala i nostri mutamenti del tempo,
Dissero gli antipodi, e due volte intonammo primavera.

IV

Qual è il metro del dizionario?
La misura della genesi? il genere della breve scintilla?
L'ombra senza forma? la forma dell'eco del Faraone?
(La mia forma d'età che tormenta il bisbiglio ferito).
Quale sesto di vento estinse la media borghesia in fiamme?
(Le domande sono gobbe al midollo dell'attizzatoio).
Che dire di un uomo di bambù fra i vostri campi?
Dei campi d'ossa un busto per un ragazzo rattorto?
Allacciatevi il corpetto su una gobba di schegge,
I miei occhi di cammello trapasseranno il sudario come aghi.
Riflesso amoroso delle fattezze di fungo,
Foto scattate di notte nel campo dai lati di pane,
Primo piano una volta sorridente nel muro dei ritratti,
Illuminati da lampade ad arco e gettati sul flutto tagliente.

V

And from the windy West came two-gunned Gabriel,
From Jesu's sleeve trumped up the king of spots,
The sheath-decked jacks, queen with a shuffled heart;
Said the fake gentleman in suit of spades,
Black-tongued and tipsy from salvation's bottle.
Rose my Byzantine Adam in the night.
For loss of blood I fell on Ishmael's [10] plain,
Under the milky mushrooms slew my hunger,
A climbing sea from Asia had me down
And Jonah's Moby [11] snatched me by the hair,
Cross-stroked salt Adam to the frozen angel
Pin-legged on pole-hills with a black medusa
By waste seas where the white bear quoted Virgil
And sirens singing from our lady's sea-straw.

VI

Cartoon of slashes on the tide-traced crater,
He in a book of water tallow-eyed
By lava's light split through the oyster vowels
And burned sea silence on a wick of words.
Pluck, cock, my sea eye, said medusa's scripture,
Lop, love, my fork tongue, said the pin-hilled nettle;
And love plucked out the stinging siren's eye,
Old cock from nowheres lopped the minstrel tongue
Till tallow I blew from the wax's tower
The fats of midnight when the salt was singing;
Adam, time's joker, on a witch of cardboard
Spelt out the seven seas, an evil index,
The bagpipe-breasted ladies in the deadweed
Blew out the blood gauze through the wound of manwax.

VII

Now stamp the Lord's Prayer on a grain of rice,
A Bible-leaved of all the written woods

V

E dal ventoso West con due pistole Gabriele venne,
Il re di macchie fece scivolare dalla manica di Gesù,
E i fanti ornati di guaine, e la regina col cuore a soqquadro;
Così disse il falso signore in abito di picche,
Di nera lingua ubriaco dalla bottiglia della salvazione.
Fu nella notte che sorse il mio Adamo bizantino. Io caddi
Perdendo sangue sulla piana d'Ismaele, e uccisi la mia fame
Sotto i funghi di latte, un mare che montava
Dall'Asia mi abbatté, e per i capelli
M'afferrò il Moby di Giona, Adamo incrostato di sale
Percosso dalla croce a un angelo di gelo
Con gambe a spillo su colline artiche con una medusa
Nera per mari desolati dove l'orso bianco citava Virgilio
E sirene cantavano dalla paglia marina di nostra signora.

VI

Vignetta di squarci sul cratere solcato dalle maree,
Egli in un libro d'acqua dagli occhi di sego
Separò a luce di lava le vocali ostriche
E il silenzio marino bruciò sopra un lucignolo di parole.
Becca, gallo, il mio occhio di mare, disse la scrittura della medusa,
Taglia, amore, la mia lingua forcuta, disse l'ortica spillo-collinosa;
E l'amore divelse l'occhio della pungente sirena,
Vecchio gallo venuto dal nulla recise la lingua
Menestrella finché non soffiai sego dalla torre di cera,
I grassi della mezzanotte, mentre cantava il sale;
Adamo, buffone del tempo, su una strega di cartone
Sillabò i sette mari, un indice maligno,
E le signore con le mammelle a cornamusa in lutto
Spensero la garza di sangue nella ferita della cera umana.

VII

Ora stampiglia la preghiera del Signore su un grano di riso,
Un fascicolo di Bibbia di tutti i legni scritti

Strip to this tree: a rocking alphabet,
Genesis in the root, the scarecrow word,
And one light's language in the book of trees.
Doom on deniers at the wind-turned statement.
Time's tune my ladies with the teats of music,
The scaled sea-sawers, fix in a naked sponge
Who sucks the bell-voiced Adam out of magic,
Time, milk, and magic, from the world beginning.
Time is the tune my ladies lend their heartbreak,
From bald pavilions and the house of bread
Time tracks the sound of shape on man and cloud,
On rose and icicle the ringing handprint.

VIII

This was the crucifixion on the mountain,
Time's nerve [12] in vinegar, the gallow grave
As tarred with blood as the bright thorns I wept;
The world's my wound, God's Mary in her grief,
Bent like three trees and bird-papped [13] through her shift,
With pins for teardrops [14] is the long wound's woman.
This was the sky, Jack Christ [15], each minstrel angle
Drove in the heaven-driven of the nails
Till the three-coloured rainbow [16] from my nipples
From pole to pole leapt round the snail-waked world
I by the tree of thieves, all glory's sawbones,
Unsex the skeleton this mountain minute,
And by this blowclock witness [17] of the sun
Suffer the heaven's children through my heartbeat.

IX

From the oracular archives and the parchment,
Prophets and fibre kings in oil and letter,

Strappa a quest'albero: un alfabeto che oscilla,
Genesi nella radice, parola spaventapasseri,
E un linguaggio di luce nel libro degli alberi.
Condanna coloro che negano alla dichiarazione travolta dal vento.
Il tempo è melodia mie signore con tette di musica,
Squamate segatrici del mare, fissate in una spugna
Nuda evocante Adamo di voce argentina fuori dalla magìa,
Tempo, latte, e magìa, dal mondo primigenio. È il tempo
La melodia alla quale le mie signore prestano
Il loro crepacuore, dai padiglioni calvi e dalla casa di pane,
Tempo che traccia il suono della forma sull'uomo e sulla nuvola,
Sulla rosa e sul ghiacciolo la risonante impronta della mano.

VIII

Questa fu la crocefissione sulla montagna,
Nervo del tempo in aceto, tomba patibolare incatramata
Di sangue quanto le splendide spine che piansi;
Il mondo è la mia ferita, Dio Maria nel suo dolore,
Curva come tre alberi e i seni di colomba palpitanti
Attraverso la veste, con spilli per gocce di lacrime,
Questa è la donna dalla lunga piaga.
Ed era questo il cielo, Cristognuno, che gli angoli menestrelli
Cacciarono nel celeste condotto dei chiodi finché
L'arcobaleno tricolore da polo a polo balzò dai miei capezzoli
Attorno al mondo vegliato da lumache. Presso l'albero dei ladri,
Io segaossi di tutta la gloria privo di sesso lo scheletro
In questo minuto montagna, e presso l'orologio a soffio testimone
Del sole sostengo i fanciulli del cielo col battito del cuore.

IX

Dagli archivi oracolari e dalla pergamena,
Profeti e re di fibra in olio e lettera,

The lamped calligrapher, the queen in splints,
Buckle to lint and cloth their natron footsteps,
Draw on the glove of prints, dead Cairo's henna
Pour like a halo on the caps and serpents.
This was the resurrection in the desert,
Death from a bandage, rants the mask of scholars
Gold on such features, and the linen spirit
Weds my long gentleman to dusts and furies;
With priest and pharaoh bed my gentle wound,
World in the sand, on the triangle landscape,
With stones of odyssey for ash and garland
And rivers of the dead around my neck.

X

Let the tale's sailor from a Christian voyage
Atlaswise hold half-way off the dummy bay
Time's ship-racked gospel on the globe I balance:
So shall winged harbours through the rockbirds' eyes
Spot the blown word, and on the seas I image
December's thorn screwed in a brow of holly.
Let the first Peter from a rainbow's quayrail
Ask the tall fish swept from the bible east,
What rhubarb man peeled in her foam-blue channel
Has sown a flying garden round that sea-ghost?
Green as beginning, let the garden diving
Soar, with its two bark towers, to that Day
When the worm builds with the gold straws of venom
My nest of mercies in the rude, red tree.

Il lampeggiato calligrafo e la regina a schegge,
Passi di natron affibbiano a stoffa e lanugine,
Indossano il guanto delle impronte, l'henna del morto Cairo
Versano come aureola su cappucci e serpi.
Questa fu la resurrezione nel deserto,
La morte da una benda, la maschera dei dotti
Che grida rauca oro su simili fattezze, e lo spirito di lino
Che sposa il mio lungo signore a furie e polveri;
La mia gentile ferita si corica con prete e faraone,
Il mondo nella sabbia, sul paesaggio triangolare,
Con pietre d'odissea per cenere e ghirlanda,
Ed i fiumi dei morti attorno al collo.

X

Che il marinaio della favola da un viaggio cristiano
Come Atlante si tenga a mezza via dal finto golfo
E il vangelo del tempo stivato io lo possa tenere in equilibrio
Sul globo: e così porti alati per gli occhi d'uccelli rupestri
Scorgeranno la parola soffiata, e sopra i mari io immagini
La spina di Dicembre avvitata in una fronte d'agrifoglio.
Da un parapetto del molo dell'arcobaleno il primo Pietro
Chieda pure all'alto pesce spazzato dal biblico oriente
Che uomo di rabarbaro sbucciato nel suo canale di schiuma
azzurra
Ha seminato un giardino volante attorno a quello spettro di
mare.
Verde come il principio, lasciate che il giardino si lanci
A tuffo, con le due torri di corteccia, verso quel Giorno
In cui il verme costruirà con le pagliuzze d'oro del veleno
Nel rude albero rosso il nido delle mie misericordie.

BECAUSE THE PLEASURE-BIRD WHISTLES

Because the pleasure-bird whistles after the hot wires,
Shall the blind horse sing sweeter?
Convenient bird and beast lie lodged to suffer
The supper and knives of a mood.
In the sniffed and poured snow on the tip of the tongue of
the year
That clouts the spittle like bubbles with broken rooms,
An enamoured man alone by the twigs of his eyes, two fires,
Camped in the drug-white shower of nerves and food,
Savours the lick of the times through a deadly wood of hair
In a wind that plucked a goose,
Nor ever, as the wild tongue brewks its tombs,
Rounds to look at the red, wagged root.
Because there stands, one story out of the bum city,
That frozen wife whose juices drift like a fixed sea
Secretly in statuary,
Shall I, struck on the hot and rocking street,
Not spin to stare at an old year
Toppling and burning in the muddle of towers and galleries
Like the mauled pictures of boys?
The salt person and blasted place
I furnish with the meat of a fable;
If the dead starve, their stomachs turn to tumble
An upright man in the antipodes
Or spray-based and rock-chested sea:
Over the past table I repeat this present grace.

PERCHÈ L'UCCELLO DEL PIACERE FISCHIA

Perché l'uccello del piacere fischia per fili roventi,
Forse più dolcemente anche il cavallo cieco dovrebbe
cantare?
Uccello e bestia appropriati sopportano
La cena e i coltelli di uno stato d'animo.
Nella neve fiutata e rovesciata sulla punta della lingua
dell'anno
Che sbatte in spruzzaglia lo sputo con stanze spaccate,
Un uomo innamorato solitario accanto agli arboscelli dei
suoi occhi,
Due fuochi, ficcato nello scroscio bianco-droga dei nervi e
del cibo
Assapora la leccata dei tempi su una foresta mortale di peli
In un vento che un'oca estirpava,
Né mai, mentre la lingua selvatica spacca le sue tombe,
Si volta ad osservare la rossa radice agitata.
Perché laggiù si erge, racconto di città di vagabondi,
Quella moglie di gelo i cui succhi se ne vanno alla deriva
Come un mare fisso, segretamente, in una statuaria,
Non dovrò io, scagliato sulla strada che rulla e ribolle,
Volgermi ad osservare un vecchio anno
Sfasciarsi ed ardere in una confusione di torri e gallerie
Come i disegni storpiati dei ragazzi?
La persona di sale e il luogo sconquassato
Ve li fornisco con carne di favola;
Se i morti sono affamati, il loro stomaco spinge
A ruzzoloni un uomo onesto agli antipodi, o mare
Polverizzato, e dal petto di roccia: ripeto
Sull'ultima tavola questa presente grazia.

WHEN ALL MY FIVE AND COUNTRY SENSES SEE

When all my five and country senses see,
The fingers will forget green thumbs and mark
How, through the halfmoon's vegetable eye,
Husk of young stars and handfull zodiac,
Love in the frost is pared and wintered by;
The whispering ears will watch love drummed away
Down breeze and shell to a discordant beach,
And, lashed to syllables, the lynx tongue cry
That her fond wounds are mended bitterly.
My nostrils see her breath burn like a bush.

My one and noble heart has witnesses
In all love's countries, that will grope awake;
And when blind sleep drops on the spying senses,
The heart is sensual, though five eyes break.

QUANDO I MIEI CINQUE SENSI CAMPAGNOLI VEDRANNO

Quando i miei cinque sensi campagnoli vedranno,
Le dita dimenticheranno i verdi pollici e indicheranno
Come attraverso l'occhio vegetale della mezzaluna,
Pula di giovani stelle e manciata di zodiaco,
L'amore sia scorticato nel gelo, stivato per l'inverno;
I mormoranti orecchi lo scorgeranno, amore che procede
Tambureggiando per brezza e conchiglia verso una spiaggia
discorde,
E allacciata alle sillabe la lingua di lince urlerà
Che le sue amate ferite amaramente sono rammendate.
Le mie narici vedranno il suo respiro bruciare come un rovo.

Il mio unico e nobile cuore ha testimoni
In tutti i luoghi d'amore, che andranno svegli a tentoni;
E quando il cieco sonno cadrà sui sensi che spiano,
Il cuore sarà sensuale, anche se cinque occhi si spaccano.

AFTER THE FUNERAL
(In memory of Ann Jones)

After the funeral, mule praises, brays,
Windshake of sailshaped ears, muffle-toed tap
Tap happily of one peg in the thick
Grave's foot, blinds down the lids, the teeth in black,
The spittled eyes, the salt ponds in the sleeves,
Morning smack of the spade that wakes up sleep,
Shakes a desolate boy who slits his throat
In the dark of the coffin and sheds dry leaves,
That breaks one bone to light with a judgment clout,
After the feast of tear-stuffed time and thistles
In a room with a stuffed fox and a stale fern,
I stand, for this memorial's sake, alone
In the snivelling hours with dead, humped Ann
Whose hooded, fountain heart once fell in puddles
Round the parched worlds of Wales and drowned each sun
(Though this for her is a monstrous image blindly
Magnified out of praise; her death was a still drop;
She would not have me sinking in the holy
Flood of her heart's fame; she would lie dumb and deep
And need no druid of her broken body).
But I, Ann's bard on a raised hearth, call all
The seas to service that her wood-tongued virtue
Pabble like a bellbuoy over the hymning heads,
Bow down the walls of the ferned and foxy woods
That her love sing and swing through a brown chapel,
Bless her bent spirit with four, crossing birds.
Her flesh was meek as milk, but this skyward statue
With the wild breast and blessed and giant skull

DOPO IL FUNERALE
In memoria di Ann Jones

Dopo il funerale, elogi e ragli di mulo, e ventosi
Schiocchi d'orecchi a vela, tamburellare felpato
Delle dita d'un paletto, felicemente, nel fitto
Piede tombale, e abbassarsi di palpebre, i denti a lutto,
Occhi pieni di sputo, pozzanghere salate nelle maniche,
Lo schiaffo mattutino della vanga che risveglia il sonno
Scuote un ragazzo desolato che si recide la gola
Nel buio della bara e sparge foglie secche
Riportando alla luce un solo osso, con schianto di giudizio,
Dopo la festa funebre di cardi e di tempo rigonfio di
 lacrime,
In una stanza con volpe impagliata e una felce stantìa, io
Per celebrare questa rimembranza rimango solo,
Nelle ore che piangono, insieme alla morta, l'ingobbita Anna
Il cui cuore, fontana incappucciata, come una pozza un
 tempo
Si espanse sui mondi assetati del Galles e annegò ogni sole
(Sebbene questa, per lei, sia una mostruosa immagine
Ciecamente per lode esagerata; fu la sua morte soltanto
Una stilla silenziosa; né lei vorrebbe che io sprofondassi
Nel sacro flutto della fama del suo cuore; muta e profonda
Vorrebbe giacere, senza necessità di druìdi per il corpo
 infranto).
Ma io, bardo di Anna, su un alto focolare tutti chiamo
I mari a questo officio, perché la sua virtù di lingua lignea
Come una boa sonora balbetti sulle teste che cantano inni,
In ginocchio le mura dei boschi di felci e di volpi
Perché il suo amore canti e volteggi nella cappella bruna,
E benedico il suo spirito curvo con quattro uccelli in croce.
La sua carne era mite come latte, ma questa statua eretta
 verso il cielo
Con il petto sconvolto e il cranio gigantesco e benedetto

Is carved from her in a room with a wet window
In a fiercely mourning house in a crooked year.
I know her scrubbed and sour humble hands
Lie with religion in their cramp, her threadbare
Whisper in a damp word, her wits drilled hollow,
Her fist of a face died clenched on a round pain;
And sculptured Ann is seventy years of stone.
These cloud-sopped, marble hands, this monumental
Argument of the hewn voice, gesture and psalm,
Storm me forever over her grave until
The stuffed lung of the fox twitch and cry Love
And the strutting fern lay seeds on the black sill.

In una stanza con le finestre madide è scolpita dal vero
In una casa acerbamente in lutto, in un anno stravolto.
Lo so che le sue mani umili rozze ed aspre devotamente
Rattrappite riposano in un crampo, il bisbiglio consunto
In umide parole, la mente scavata dal trapano,
Il viso morto serrato come un pugno su una rotonda pena;
E quest'Anna scolpita è settant'anni di pietra.
Queste mani di marmo inzuppate di nuvole, questo
    monumentale
Argomento di voce scheggiata, gesto e salmo,
All'infinito sulla sua tomba mi tempesteranno, finché
Il polmone impagliato della volpe non frema e gridi Amore
E l'orgogliosa felce semi deponga sulla soglia nera.

ONCE IT WAS THE COLOUR OF SAYING

Once it was the colour of saying
Soaked my table the uglier side of a hill
With a capsized field where a school sat still
And a black and white patch of girls grew playing;
The gentle seaslides of saying I must undo
That all the charmingly drowned arise to cockcrow and kill.
When I whistled with mitching boys through a reservoir park
Where at night we stoned the cold and cuckoo
Lovers in the dirt of their leafy beds,
The shade of their trees was a word of many shades
And a lamp of lightning for the poor in the dark;
Now my saying shall be my undoing,
And every stone I wind off like a reel.

ERA UNA VOLTA IL COLORE DEL DIRE

Era una volta il colore del dire
Che il fianco più brutto di un colle inondò la mia tavola
Con un campo formato berretto dove una scuola se ne stava
    immobile
E toppa bianca e nera di ragazze ingrandiva nel gioco;
Devo disfare i declivi più lievi del mare del dire, così
Che tutti gli annegati in seduzione
Risorgano al canto del gallo ed uccidano.
Quando fischiavo con i ragazzacci in un parco riserva
Dove di notte tiravamo pietre
A innamorati gelidi e cucù nella sporcizia dei letti di foglie,
L'ombra dei loro alberi era parola di molte ombreggiature
E un guizzo lampeggiante per i poveri nel buio,
Ora il mio dire sarà il mio disfare,
Tutte le pietre dipanerò come un gomitolo.

A REFUSAL TO MOURN THE DEATH, BY FIRE, OF A CHILD IN LONDON

Never until the mankind making
Bird beast and flower
Fathering and all humbling darkness
Tells with silence the last light breaking
And the still hour
Is come of the sea tumbling in harness

And I must enter again the round
Zion of the water bead
And the synagogue of the ear of corn
Shall I let pray the shadow of a sound
Or sow my salt seed
In the least valley of sackcloth to mourn

The majesty and burning of the child's death.
I shall not murder
The mankind of her going with a grave truth
Nor blaspheme down the stations of the breath
With any further
Elegy of innocence and youth.

Deep with the first dead lies London's daughter,
Robed in the long friends,
The grains beyond age, the dark veins of her mother
Secret by the unmourning water
Of the riding Thames.
After the first death; there is no other.

UNA RINUNCIA A PIANGERE LA MORTE, PER FUOCO, DI UNA BIMBA A LONDRA

Mai finché il buio che genera uomo
Uccello bestia e fiore
Buio paterno che ogni cosa umilia
L'ultima luce frangente racconti col silenzio
E l'immobile ora
Giunga dal mare che nelle briglie s'agita

E io debba rientrare nella sferica
Sion della perla d'acqua
E nella sinagoga della spiga di grano
Mai lascerò pregare l'ombra di un suono
O seminare il mio seme di sale
Nella più piccola valle di saio per piangere

La maestà e le fiamme della morte della bimba.
Io non assassinerò
L'umanità della sua dipartita con una grave verità
Né abbatterò bestemmiando le stazioni del respiro
Con un'altra
Elegia d'innocenza e giovinezza.

Profonda con i primi morti giace la figlia di Londra
Ravvolta nei suoi lunghi amici,
I grani senza età, le oscure vene di sua madre,
Segreta presso la non lamentevole acqua
Del cavalcante Tamigi.
Dopo la prima morte non ne esiste altra.

CEREMONY AFTER A FIRE RAID

I

Myselves
The grievers
Grieve
Among the street burned to tireless death
A child of a few hours
With its kneading mouth
Charred on the black breast of the grave
The mother dug, and its arms full of fires.

Begin
With singing
Sing
Darkness kindled back into beginning
When the caught tongue nodded blind,
A star was broken
Into the centuries of the child
Myselves grieve now, and miracles cannot atone.

Forgive
Us forgive
Us your death that myselves the believers
May hold it in a great flood
Till the blood shall spurt,
And the dust shall sing like a bird
As the grains blow, as your death grows, through our heart.

Crying
Your dying
Cry,
Child beyond cockcrow, by the fire-dwarfed

CERIMONIA DOPO UN BOMBARDAMENTO

I

Me stessi
Coloro che piangono
Piangono
Fra le strade bruciate a instancabile morte
Un bimbo di poche ore
Con la sua bocca che intride
Carbonizzata sul nero petto della tomba
Scavata dalla madre, e le sue braccia in fiamme.

Cominciamo
Col canto
Cantiamo
L'oscurità attizzata e risospinta all'origine
Quando la lingua afferrata annuiva ciecamente,
Una stella era infranta
Nei secoli del bimbo
Che i me stessi ora piangono, e i miracoli non possono
espiare.

Perdona -
Ci perdona -
Ci la tua morte che me stessi i credenti
Possano contenere dentro un grande flutto
Finché zampillerà improvviso il sangue,
E come uccello canterà la polvere
Mentre i grani germogliano, e la tua morte cresce nel nostro
cuore.

Gridando
Il tuo morente
Grido,
Bimbo oltre il canto del gallo, lungo la strada

Street we chant the flying sea
In the body bereft.
Love is the last light spoken. Oh
Seed of sons in the loin of the black husk left.

II

I know not whether
Adam or Eve, the adorned holy bullock
Or the white ewe lamb
Or the chosen virgin
Laid in her snow
On the altar of London,
Was the first to die
In the cinder of the little skull,
O bride and bride groom
O Adam and Eve together
Lying in the lull
Under the sad breast of the head stone
White as the skeleton
Of the garden of Eden.

I know the legend
Of Adam and Eve is never for a second
Silent in my service
Over the dead infants
Over the one
Child who was priest and servants,
Word, singers, and tongue
In the cinder of the little skull,
Who was the serpent's
Night fall and the fruit like a sun,
Man and woman undone,
Beginning crumbled back to darkness
Bare as the nurseries
Of the garden of wilderness.

Corrosa dal fuoco cantiamo il mare che trasvola
Nel corpo orbato.
Amore è l'ultima luce parlata. Oh
Germe di figli nei lombi del nero involucro che rimane.

II

Io non so
Se Adamo o Eva, il sacro ed adornato bue
O la candida agnella
O la vergine eletta
Distesa nella propria neve
Sull'altare di Londra,
Fosse la prima a morire
Nella cenere del piccolo cranio,
O sposa e sposo
O Adamo ed Eva insieme
Giacenti nella quiete
Sotto il triste seno della lapide
Bianca come lo scheletro
Del giardino dell'Eden.

Io so che la leggenda
Di Adamo ed Eva non è per un secondo
Silente nel mio rito
Per i morti infanti
Per l'unico
Bimbo che era sacerdote e chierici,
Parola, cantori, e lingua
Nella cenere del piccolo cranio,
Che era la notturna
Caduta del serpente e il frutto simile a un sole,
Uomo e donna disfatti,
Principio tornato franando nel buio
Nudo come le stanze dei bambini
Del giardino del deserto.

III

Into the organpipes and steeples
Of the luminous cathedrals,
Into the weathercocks' molten mouths
Rippling in twelve-winded circles,
Into the dead clock burning the hour
Over the urn of sabbaths
Over the whirling ditch of daybreak
Over the sun's hovel and the slum of fire
And the golden pavements laid in requiems,
Into the bread in a wheatfield of flames,
Into the wine burning like brandy,
The masses of the sea
The masses of the sea under
The masses of the infant-bearing sea
Erupt, fountain, and enter to utter for ever
Glory, glory glory
The sundering ultimate kingdom of genesis' thunder.

III

Nelle canne dell'organo e nelle guglie
Delle cattedrali luminose,
Nelle bocche fuse dei galli a banderuola
Che in cerchi di dodici venti s'increspano
Nel morto orologio che brucia l'ora
Sopra l'urna dei sabbath
Sul turbinante fosso dell'alba
Sulla capanna del sole ed i sudici vicoli del fuoco
E i pavimenti dorati deposti nei requiem,
Nel pane in un campo di grano fiammeggiante,
Nel vino che arde come grappa,
Le masse del mare
Le masse del mare sotto
Le masse del mare che genera infanti
Erompono, sorgente, penetrando per sempre a profferire
Gloria gloria gloria
Nel separante estremo regno del tuono della genesi.

WHEN I WOKE

When I woke, the town spoke.
Birds and clocks and cross bells
Dinned aside the coiling crowd,
The reptile profligates in a flame,
Spoilers and pokers of sleep,
The next-door sea dispelled
Frogs and satans and woman-luck,
While a man outside with a billhook,
Up to his head in his blood,
Cutting the morning off,
The warm-veined double of Time
And his scarving beard from a book,
Slashed down the last snake as though
It were a wand or subtle bough,
Its tongue peeled in the wrap of a leaf.

Every morning I make,
God in bed, good and bad,
After a water-face walk,
The death-stagged scatter-breath
Mammoth and sparrowfall
Everybody's earth.
Where birds ride like leaves and boats like ducks
I heard, this morning, waking,
Crossly out of the town noises
A voice in the erected air,
No prophet-progeny of mine,
Cry my sea town was breaking.
No Time, spoke the clocks, no God, rang the bells,
I drew the white sheet over the islands
And the coins on my eyelids sang like shells.

QUANDO MI RISVEGLIAI

Quando mi risvegliai, la città parlava.
Uccelli e pendole e campane a croce
Squillavano da parte la folla serpeggiante,
Rettile che si dìssipa a una fiamma
E predatori e attizzatoi del sonno,
Il mare all'uscio accanto disperdeva
Ranocchie e sàtani e sorte femminile,
Mentre di fuori un uomo con un'ascia,
Col capo coperto di sangue
Tagliando via il mattino,
Il doppione del Tempo a vene calde
E la barba a cravatta da un libro,
Mozzava l'ultimo serpe quasi fosse
Un arboscello o un rametto sottile,
La lingua scorticata avvolta in una foglia.

Ogni mattina, dio a letto,
Io faccio bene e male,
Dopo una passeggiata a viso d'acqua,
La terra di tutti caduta
Di mammuth e caduta di passeri
Spiati dalla morte a perdifiato.
Dove gli uccelli cavalcano come foglie
E barche come anatre, ho udito stamattina risvegliandomi
Dai rumori della città bruscamente
Nell'aria eretta una voce, non mia progenie profeta, gridare
Che la mia città di mare si stava spaccando.
Non Tempo, dicevano le pendole,
Non Dio, squillavano le campane,
Io mi tirai sulle isole il lenzuolo bianco
E le monete sulle mie ciglia cantarono come conchiglie.

VISION AND PRAYER

I

Who
Are you
Who is born
In the next room
So loud to my own
That I can hear the womb
Opening and the dark run
Over the ghost and the dropped son
Behind the wall thin as a wren's bone?
In the birth bloody room unknown
To the burn and turn of time
And the heart print of man
Bows no baptism
But dark alone
Blessing on
The wild
Child.

VISIONE E PREGHIERA

I

C h i
S e i t u
Che vieni generato
Nella stanza vicina
Alla mia così rumoroso
Ch'io posso udire il grembo
A p r i r s i e i l b u i o s c o r r e r e
Sopra il fantasma e il figlio rovesciato
Oltre il muro sottile come un osso di scricciolo?
Nella stanza sanguinosa di nascita ignoto
Al bruciare ed al volgersi del tempo
E all'impronta del cuore dell'uomo
Nessun battesimo si inchina
Ma oscurità soltanto
Porge benedizione
Al selvaggio
Bimbo.

I
Must lie
Still as stone
By the wren bone
Wall hearing the moan
Of the mother hidden
And the shadowed head of pain
Casting to-morrow like a thorn
And the midwives of miracle sing
Until the turbulent new born
Burns me his name and his flame
And the winged wall is torn
By his torrid crown
And the dark thrown
From his loin
To bright
Light.

I o
Devo giacere
Fermo come pietra
Accanto al muro d'osso
Di scricciolo . il gemito
Della nascosta madre udendo
E l'ombreggiato capo del dolore
Che come spina scaglia il domani
E cantano le levatrici del miracolo
Finché il turbolento neonato mi
Brucia il suo nome e la sua fiamma
E il muro alato è strappato dalla
Sua torrida corona e oscurità
Gettata dai suoi lombi
Verso la fulgida
L u c e .

When
The wren
Bone writhes down
And the first dawn
Furied by his stream
Swarms on the kingdom come
Of the dazzler of heaven
And the splashed mothering maiden
Who bore him with a bonfire in
His mouth and rocked him like a storm
I shall run lost in sudden
Terror and shining from
The once hooded room
Crying in vain
In the caldron
Of his
Kiss

Quando
L'osso di
Scricciolo si attorciglia
E la prima alba
Infuriata dal suo flutto
Si spande sul regno avvenire
Dell'abbagliatore del Cielo
E la vergine irrorata appena madre
Che lo generò con un falò dentro
La bocca e lo cullò come tempesta
Io correrò perduto in improvviso
Terrore e splendore dalla
Stanza un tempo velata
Piangendo invano
Nel calderone
Del suo
Bacio.

In
The spin
Of the sun
In the spuming
Cyclone of his wing
For I was lost who am
Crying at the man drenched throne
In the first fury of his stream
And the lightnings of adoration
Back to black silence melt and mourn
For I was lost who have come
To dumbfounding haven
And the finding one
And the high noon
Of his wound
Blinds my
Cry.

Nel
Vorticare
D e l s o l e
Nello spumeggiante
Ciclone della sua ala
Poiché ero perduto io che sto
Piangendo al trono intriso d'uomo
Nella prima furia del suo flusso
E i fulmini dell'adorazione tornano
A fondersi in nero silenzio e piangono
Poiché ero perduto io che sono giunto
A un porto di stupefazione
E a colui che trova
E l'alto meriggio
Della sua ferita
Acceca il mio
Grido.

There
Crouched bare
In the shrine
Of his blazing
Breast I shall waken
To the judge blown bedlam
Of the uncaged sea bottom
The cloud climb of the exhaling tomb
And the bidden dust upsailing
With his flame in every grain.
O spiral of ascension
From the vultured urn
Of the morning
Of man when
The land
And

L a g g i ù
Nudo accucciato
N e l s a n t u a r i o
Del suo fiammeggiante
S e n o m i d e s t e r ò
A un tumulto di squille giudicanti
Del fondo marino sgabbiato
Alla ascesa di nuvola dell'esalante tomba
E alla polvere comandata che alta vola
Con la sua fiamma dentro ogni granello.
Oh spirale di ascensione
Dall'urna di avvoltoi
D e l l a m a t t i n a
Dell'uomo quando
L a t e r r a
E

The
Born sea
Praised the sun
The finding one
And upright Adam
Sang upon origin!
O the wings of the children!
The woundward flight of the ancient
Young from the canyons of oblivion!
The sky stride of the always slain
In battle! the happening
Of saints to their vision!
The world winding home!
And the whole pain
Flows open
And I
Die.

Il
Mare nato
Benedissero il sole
Colui che scopre
E ritto in piedi Adamo
Cantò dell'origine!
Oh le ali dei fanciulli!
Il volo verso la ferita degli antichi
Giovani dalle forre dell'oblìo!
Il passo celeste del sempre ucciso
In battaglia! L'incontro!
Dei santi con la loro visione
Il mondo che torna all'origine!
E l'intero dolore
Fluisce aperto
Ed io
Muoio.

II

In the name of the lost who glory in
The swinish plains of carrion
Under the burial song
Of the birds of burden
Heavy with the drowned
And the green dust
And bearing
The ghost
From
The ground
Like pollen
On the black plume
And the beak of slime
I pray though I belong
Not wholly to that lamenting
Brethren for joy has moved within
The inmost marrow of my heart bone

II

Nel nome dei perduti che si gloriano nelle
Pianure insozzate di carogne
S o t t o i l f u n e b r e c a n t o
Degli uccelli da soma
Carichi di annegati
E di polvere verde
E p o r t a n t i
Lo spirito
Dalla
T e r r a
Come polline
Sulla nera piuma
E sul becco di fango
Io prego sebbene non appartenga
D e l t u t t o a q u e i d o l e n t i
Fratelli poiché la gioia è penetrata
Nel midollo più intimo dell'osso del mio cuore

That he who learns now the sun and moon
Of his mother's milk may return
Before the lips blaze and bloom
To the birth bloody room
Behind the wall's wren
Bone and be dumb
And the womb
That bore
For
All men
The adored
Infant light or
The dazzling prison
Yawn to his upcoming.
In the name of the wanton
Lost on the unchristened mountain
In the centre of dark I pray him

Poiché colui che ora impara sole e luna
Del latte di sua madre possa tornare
Avanti che le labbra fiammeggino e
Fioriscano alla stanza sanguinante
Della nascita oltre l'osso di scricciolo
Del muro e sia muto
E il grembo che
Generò
Per
Tutti gli uomini
La luce infante
Adorata oppure la
Prigione tutta abbagliante
S'apra al suo avvento.
Nel nome dei dissoluti
Sperduti sul monte non battezzato
Nel centro dell'oscurità io lo prego

That he let the dead lie though they moan
For his briared hands to hoist them
To the shrine of his world's wound
And the blood drop's garden
Endure the stone
Blind host to sleep
In the dark
And deep
Rock
Awake
No heart bone
But let it break
On the mountain crown
Unbidden by the sun
And the beating dust be blown
Down to the river rooting plain
Under the night forever falling.

Che lasci i morti giacere sebbene implorino
Che le sue mani di rovo li sollevino
Al santuario della sua cosmica ferita
E giardino di goccia di sangue
Sopporti che la pietrosa
Cieca ospite dorma
Nella buia e
P r o f o n d a
Roccia
Non svegli
L'osso del cuore
Ma lo lasci rompersi
Sulla vetta montana
Non chiamato dal sole
E la polvere palpitante sia soffiata
Giù fino alla pianura che radica il fiume
Sotto la notte che perpetua cade.

Forever falling night is a known
Star and country to the legion
Of sleepers whose tongue I toll
To mourn his deluging
Light through sea and soil
And we have come
To know all
Places
Ways
Mazes
Passages
Quarters and graves
Of the endless fall.
Now common lazarus
Of the charting sleepers prays
Never to awake and arise
For the country of death is the heart's size

La notte per sempre cadente è una nota
Stella e contrada alla legione dei
Dormienti la cui lingua rintocco
A piangere la sua diluviante
Luce attraverso mare e suolo
E noi siamo venuti
Per conoscere tutti
I luoghi
Le vie
I labirinti
I corridoi
I quartieri e le tombe
Dell'infinita caduta.
Ora il comune lazzaro dei dormienti
Che tracciano mappe prega
Di non svegliarsi e risorgere mai
Poiché il paese della morte ha vastità di cuore

And the star of the lost the shape of the eyes.
In the name of the fatherless
In the name of the unborn
And the undesirers
Of midwiving morning's
Hands or instruments
O in the name
Of no one
Now or
No
One to
Be I pray
May the crimson
Sun spin a grave grey
And the colour of clay
Stream upon his martyrdom
In the interpreted evening
And the known dark of the earth amen.

E la stella dei perduti la forma degli occhi.
Nel nome dei senza padre
Nel nome dei non nati
E di coloro che non desiderano
Le mani o gli strumenti
Del mattino levatrice
Oh nel nome
Di nessuno
Ora o di
Nes-
Suno a
Venire io prego
Possa il cremisi
Sole filare un grave grigio
E il colore dell'argilla
Fluire sul suo martirio
Nella sera interpretata
E nel buio conosciuto della terra amen.

I turn the corner of prayer and burn
In a blessing of the sudden
Sun. In the name of the damned
I would turn back and run
To the hidden land
But the loud sun
Christens down
The sky.
I
Am found.
O let him
Scald me and drown
Me in his world's wound.
His lightning answers my
Cry. My voice burns in his hand.
Now I am lost in the blinding
One. The sun roars at the prayer's end[1].

Io volto l'angolo della preghiera e brucio
In una benedizione dell'improvviso
Sole. Nel nome dei dannati
Vorrei volgermi e correre
Alla terra nascosta
Ma il sole chiassoso
Giù battezza
Il cielo.
Io
Sono trovato.
Oh lasciate che egli
Mi bruci e anneghi
Nella sua cosmica ferita.
Il suo fulmine risponde al mio
Grido. La mia voce brucia nella sua mano.
Ora io sono perduto in colui che acceca.
Il sole rugge alla fine della preghiera.

BALLAD OF THE LONG-LEGGED BAIT

The bows glided down, and the coast
Blackened with birds took a last look
At his thrashing hair and whale-blue eye;
The trodden town rang its cobbles for luck.

Then good-bye to the fishermanned
Boat with its anchor free and fast
As a bird hooking over the sea,
High and dry by the top of the mast,

Whispered the affectionate sand
And the bulwarks of the dazzled quay.
For my sake sail, and never look back,
Said the looking land.

Sails drank the wind, and white as milk
He sped into the drinking dark;
The sun shipwrecked west on a pearl
And the moon swam out of its hulk.

Funnels and masts went by in a whirl.
Good-bye to the man on the sea-legged deck
To the gold gut that sings on his reel
To the bait that stalked out of the sack,

For we saw him throw to the swift flood
A girl alive with his hooks through her lips;
All the fishes were rayed in blood,
Said the dwindlings ships.

Good-bye to chimneys and funnels,

BALLATA DELL'ESCA DALLE GAMBE LUNGHE

La prua scivolava in avanti, e la costa
Diede un ultimo sguardo oscurata da uccelli
Ai suoi capelli sferzanti e all'occhio blu-balena;
La città calpestata acciottolò un augurio di fortuna.

Allora addio al battello con il suo equipaggio
Di pescatori, con l'àncora libera e ferma
Come un uccello uncinato sul mare,
Accanto alla cima dell'albero secca e svettante,

Mormorarono allora la sabbia affettuosa
E le murate del molo abbagliate di sole.
Salpa per me, più non guardare indietro,
Disse la terra che guardava.

Le vele bevvero il vento e bianco come latte
Egli veloce si gettò nel buio avido;
Il sole naufragò a occidente su una perla
E la luna uscì a nuoto dalla sua carcassa.

Alberi e ciminiere fluirono in un vortice.
Addio all'uomo che barcolla sul cassero,
Alla lenza dorata che canta sul suo molinello,
All'esca che zampando uscì fuori dal sacco,

Poiché lo vedemmo lanciare sul veloce flutto
Una fanciulla viva con i suoi ami piantati nelle labbra;
E tutti i pesci nel sangue irradiarono,
Dissero allora i vascelli allontanandosi.

Addio alle ciminiere ed ai camini,

Old wives that spin in the smoke,
He was blind to the eyes of candles
In the praying windows of waves

But heard his bait buck in the wake
And tussle in a shoal of loves.
Now cast down your rod, for the whole
Of the sea is hilly with whales,

She longs among horses and angels,
The rainbow-fish bend in her joys,
Floated the lost cathedral
Chimes of the rocked buoys.

Where the anchor rode like a gull
Miles over the moonstruck boat
A squall of birds bellowed and fell,
A cloud blew the rain from its throat;

He saw the storm smoke out to kill
With fuming bows and ram of ice,
Fire on starlight, rake Jesu's stream;
And nothing shone on the water's face

But the oil and bubble of the moon,
Plunging and piercing in his course
The lured fish under the foam
Witnessed with a kiss.

Whales in the wake like capes and Alps
Quaked the sick sea and snouted deep,
Deep the great bushed bait with raining lips
Slipped the fins of those humpbacked tons

And fled their love in a weaving dip.
Oh, Jericho was falling in their lungs!
She nipped and dived in the nick of love,
Spun on a spout like a long-legged ball

Till every beast blared down in a swerve
Till every turtle crushed from his shell

Vecchie comari che filano nel fumo,
Egli era cieco ad occhi di candele
Nelle preganti finestre dell'onde

Ma udiva la sua esca sgroppare nella scia
E azzuffarsi in un branco d'amanti.
E getta la tua canna, ora, poiché il mare
È tutto collinoso di balene,

E lei smania fra cavalli ed angeli,
Il pesce-arcobaleno alle sue gioie inclina,
Disse lo scampanìo da cattedrale
Sommersa delle boe che si cullavano.

Dove come un gabbiano cavalcava l'àncora
Per miglia sulla barca stregata dalla luna
Una folata d'uccelli si gettò con strepiti,
Pioggia soffiò una nube dalla propria gola;

Vide il fumo omicida della bufera avventarsi
Con archi incolleriti e sperone di ghiaccio,
Fuoco su luce stellare, erpice della ràpida di Cristo;
E nulla risplendeva sul viso dell'acqua

Se non l'olio e la bolla della luna,
Nella sua rotta tuffandosi e immergendosi
Sotto la schiuma l'adescato pesce
Che con un bacio testimoniava.

Balene nella scia simili a promontori ed Alpi
Squassavano il mare ammalato e sbuffavano profondo,
Folta nel fondo con labbra di pioggia l'esca grande
Schivava le pinne di quelle tonnellate gibbose

E nel meandro di un tuffo sfuggiva il loro amore.
Oh, Gerico stava cadendo nei loro polmoni!
Ella abboccò e si immerse nel lampo dell'amore,
E vorticò su un soffio come una palla dalle gambe lunghe

Finché ogni animale stridette in uno scarto
Finché ogni tartaruga ruppe la sua corazza

Till every bone in the rushing grave
Rose and crowed and fell!

Good luck to the hand on the rod,
There is thunder under its thumbs;
Gold gut is a lightning thread,
His fiery reel sings off its flames,

The whirled boat in the burn of his blood
Is crying from nets to knives,
Oh the shearwater birds and their boatsized brood
Oh the bulls of Biscay and their calves

Are making under the green, laid veil
The long-legged beautiful bait their wives.
Break the black news and paint on a sail
Huge weddings in the waves,

Over the wakeward-flashing spray
Over the gardens of the floor
Clash out the mounting dolphin's day,
My mast is a bell-spire,

Strike and smoothe, for my decks are drums,
Sing through the water-spoken prow
The octopus walking into her limbs
The polar eagle with his tread of snow.

From salt-lipped beak to the kick of the stern
Sing how the seal has kissed her dead!
The long, laid minute's bride drifts on
Old in her cruel bed.

Over the graveyard in the water
Mountains and galleries beneath
Nightingale and hyena
Rejoicing for that drifting death

Sing and howl through sand and anemone
Valley and sahara in a shell,
Oh all the wanting flesh his enemy
Thrown to the sea in the shell of a girl

Finché ogni osso nella precipitosa tomba
Non si levò, non esultò e ricadde!

Buona fortuna alla mano sulla canna,
Sotto i suoi pollici è il tuono;
La lenza d'oro è un filo lampeggiante,
Il suo infuocato rocchetto sprigiona fiamme cantando,

Il turbinante battello nell'ardore del sangue
Dalle reti ai coltelli ora grida,
Oh gli uccelli che fendono l'acqua e la loro covata naviforme
Oh i tori di Biscaglia coi loro Torelli

Sotto il disteso e verde velo s'ammogliano
Con l'esca bella dalle lunghe gambe.
Rivela la nera notizia e dipingi su una vela
Gli immensi sposalizi nelle onde,

Sopra lo spruzzo che splende
Verso la scia sui giardini del fondo
Strepita il risalente giorno del delfino,
Il mio albero maestro è un campanile,

Colpisci e livella, perché i miei ponti sono tamburi,
Canta attraverso la prua chiacchera d'acqua
Il polpo che s'addentra alle sue membra
E l'aquila polare col suo accoppiamento di neve.

Dal suo rostro di labbra salmastre alla poppa che sbalza
Canta come la foca ha baciato una morta!
La lunga, distesa sposa dell'attimo va alla deriva
Antica nel suo letto crudele.

Sul cimitero dell'acqua
Montagne e gallerie giù nel profondo
La iena e l'usignolo si rallegrano
Per quella morte che va alla deriva,

Attraverso la sabbia e l'anemone urlano e cantano
Valle e sahara dentro una conchiglia,
Oh tutta la carne che brama il suo nemico
Gettata in mare nella conchiglia d'una fanciulla

Is old as water and plain as an eel;
Always good-bye to the long-legged bread
Scattered in the paths of his heels
For the salty birds fluttered and fed

And the tall grains foamed in their bills;
Always good-bye to the fires of the face,
For the crab-backed dead on the sea-bed rose
And scuttled over her eyes,

The blind, clawed stare is cold as sleet.
The tempter under the eyelid
Who shows to the selves asleep
Mast-high moon-white women naked

Walking in wishes and lovely for shame
Is dumb and gone with his flame of brides.
Sussanah's [1] drowned in the bearded stream
And no-one stirs at Sheba's [2] side

But the hungry kings of the tides;
Sin [3] who had a woman's shape
Sleeps till Silence blows on a cloud
And all the lifted waters walk and leap.

Lucifer that bird's dropping
Out of the sides of the north
Has melted away and is lost
Is always lost in her vaulted breath,

Venus lies star-struck in her wound
And the sensual ruins make
Seasons over the liquid world,
White springs in the dark.

Always good-bye, cried the voices through the shell,
Good-bye always for the flesh is cast
And the fisherman winds his reel
With no more desire than a ghost.

Always good luck, praised the finned in the feather

È antica come l'acqua, liscia come un'anguilla;
Addio per sempre al pane dalle lunghe gambe
Disperso nei sentieri delle sue calcagna
Poiché i salmastri uccelli svolarono e si nutrirono

E i grandi chicchi schiumarono nei loro becchi;
E sempre addio alle fiamme del suo volto,
Perché i morti schienadigranchio sul letto del mare
Risorsero e s'avventarono ai suoi occhi,

Il cieco unghiato sguardo è freddo come nevischio.
Il tentatore che sotto le palpebre
Mostra ai sé addormentati donne nude
Come la luna bianche e alte come l'albero

Muoversi piene di desiderio, più belle di vergogna,
È muto e dipartito con la sua fiamma di spose.
Susanna è annegata nella barbuta corrente
E nessuno si muove accanto a Saba

Se non gli affamati regnanti delle maree;
Il peccato che aveva forma di donna
Dorme finché il Silenzio soffi su una nuvola
E tutte l'acque sommosse procedano e balzino.

Lucifero, quell'escremento d'uccello
Colato dai fianchi del nord,
S'è disfatto e scomparso
Per sempre s'è perduto nella volta del suo respiro,

Venere giace stregata di stelle nella sua ferita
E le rovine sensuali creano
Stagioni sul liquido mondo,
Il bianco sorge nel buio.

Addio per sempre, gridarono le voci attraverso la conchiglia,
Addio per sempre poiché la carne è gettata
E il pescatore avvolge il suo rocchetto
Con non più desiderio di uno spettro.

Buona fortuna per sempre, inneggiò l'uccello dalle pinne

Bird after dark and the laughing fish
As the sails drank up the hail of thunder
And the long-tailed lightning lit his catch.

The boat swims into the six-year weather,
A wind throws a shadow and it freezes fast.
See what the gold gut drags from under
Mountains and galleries to the crest!

See what clings to hair and skull
As the boat skims on with drinking wings!
The statues of great rain stand still,
And the flakes fall like hills.

Sing and strike his heavy haul
Toppling up the boatside in a snow of light!
His decks are drenched with miracles.
Oh miracle of fishes! The long dead bite!

Out of the urn the size of a man
Out of the room the weight of his trouble
Out of the house that holds a town
In the continent of a fossil

One by one in dust and shawl,
Dry as echoes and insect-faced,
His fathers cling to the hand of the girl
And the dead hand leads the past.

Leads them as children and as air
On to the blindly tossing tops;
The centuries throw back their hair
And the old men sing from newborn lips:

Time is bearing another son.
Kill Time! She turns in her pain!
The oak is felled in the acorn
And the hawk in the egg kills the wren[4].

He who blew the great fire in
And died on a hiss of flames

Di piuma dopo l'imbrunire ed il pesce ridente
Quando le vele bevvero la grandine del tuono
E il fulmine lungocodato illuminò la sua preda.

Nella bufera che dura sei anni il battello procede,
Un vento scaglia un'ombra e gela rapido.
Vedi la lenza d'oro cosa estrae dal fondo
Di monti e gallerie fino alla cresta!

Vedi cosa s'aggrappa ai capelli ed al cranio
Mentre il battello scivola con ali che bevono!
Le statue della grande pioggia stanno immote,
Come colline fiocchi di neve precipitano.

Canta ed arpeggia la sua retata pesante che trabocca
Sulla fiancata del battello in una neve di luce!
I suoi ponti sono imbevuti di miracoli.
Oh miracolo dei pesci! L'esca da tempo morta!

Da un'urna a misura di uomo
Da una stanza greve come il suo cruccio
Da una casa che contiene una città
Nel continente di un fossile

Uno per uno in polvere e sudano
Aridi come echi e con faccia d'insetto,
I suoi padri s'aggrappano alla mano della fanciulla
E la morta mano conduce il passato.

Come fanciulli li conduce e come aria
Sulle vette che ciecamente si scuotono;
I secoli arrovesciano i capelli
E i vecchi cantano con labbra neonate:

Il tempo partorisce un altro figlio.
Morte al tempo! Si torce nel suo dolore!
La quercia è abbattuta nella ghianda
E il falco uccide lo scricciolo nell'uovo.

Colui che attizzò il grande fuoco
E morì sopra un sibilo di fiamme

Or walked on the earth in the evening
Counting the denials of the grains

Clings to her drifting hair, and climbs;
And he who taught their lips to sing
Weeps like the risen sun among
The liquid choirs of his tribes.

The rod bends low, divining land,
And through the sundered water crawls
A garden holding to her hand
With birds and animals

With men and women and waterfalls
Trees cool and dry in the whirlpool of ships
And stunned and still on the green, laid veil
Sand with legends in its virgin laps

And prophets loud on the burned dunes;
Insects and valleys hold her thighs hard,
Time and places grip her breast bone,
She is breaking with seasons and clouds;

Round her trailed wrist fresh water weaves,
With moving fish and rounded stones
Up and down the greater waves
A separate river breathes and runs;

Strike and sing his catch of fields
For the surge is sown with barley,
The cattle graze on the covered foam,
The hills have footed the waves away,

With wild sea fillies and soaking bridles
With salty colts and gales in their limbs
All the horses of his haul of miracles
Gallop through the arched, green farms,

Trot and gallop with gulls upon them
And thunderbolts in their manes.

O camminò sulla terra nella sera
Addizionando il rifiuto dei semi

S'inerpica e s'aggrappa ai suoi capelli fluenti;
E colui che insegnò alle sue labbra a cantare
Come il sole che è sorto ora piange
Fra i liquidi cori delle sue tribù.

La canna si piega, divinando la terra,
Ed attraverso l'acqua spartita in due si trascina
Un giardino che si regge alla sua mano
Pieno d'uccelli e animali

E uomini e donne e cascate
Alberi freschi e asciutti nel gorgo delle navi
Ed attonita e immobile sul verde velo deposto
La sabbia con leggende nel suo grembo vergine

E profeti che gridano sulle dune bruciate;
Insetti e valli serrano le sue cosce,
Il tempo e i luoghi stringono il suo sterno,
Di stagioni e di nubi ella prorompe; l'acqua

Dolce vortica attorno al polso trascinato
Con dinamici pesci e pietre tondeggianti
Su e giù nei flutti immensi
Un fiume separato ànsima e corre;

Arpeggia e canta la sua retata di campi
Poiché i marosi sono seminati d'orzo,
La mandria pascola sulla schiuma coperta,
Le colline hanno spostato coi piedi le onde,

Con selvagge puledre marine e con briglie inzuppate
Con puledri salmastri e con bufere nelle loro membra
Tutti i cavalli della sua pesca miracolosa
Galoppano per verdi fattorie arcuate,

E trottano e galoppano con sopra i gabbiani
E con i fulmini nelle criniere.

O Rome and Sodom To-morrow and London [5]
The country tide is cobbled with towns,

And steeples pierce the cloud on her shoulder
And the streets that the fisherman combed
When his long-legged flesh was a wind on fire
And his loin was a hunting flame

Coil from the thoroughfares of her hair
And terribly lead him home alive
Lead her prodigal home to his terror,
The furious ox-killing house of love.

Down, down, down, under the ground,
Under the floating villages,
Turns the moon-chained and water-wound
Metropolis of fishes,

There is nothing left of the sea but its sound,
Under the earth the loud sea walks,
In deathbeds of orchards the boat dies down
And the bait is drowned among hayricks,

Land, land, land, nothing remains
Of the pacing, famous sea but its speech,
Ant into its talkative seven tombs
The anchor dives through the floors of a church.

Good-bye, good luck, struck the sun and the moon,
To the fisherman lost on the land.
He stands alone at the door of his home,
With his long-legged heart in his hand [6].

Oh Roma e Sodoma Domani e Londra
La marea della terra è selciata di città,

E i campanili penetrano la nuvola sulla spalla di lei
E le strade che il pescatore sarchiava
Quando la carne dalle lunghe gambe era un vento di fiamme
E i suoi lombi una vampa cacciatrice

Si svolgono dai viali dei suoi capelli
E tremende lo portano vivo alla casa
Portano a casa il prodigo al suo terrore,
Al furioso macello dell'amore.

In fondo, in fondo, in fondo, sotto la terra,
Sotto i villaggi galleggianti,
Incatenata dalla luna e fasciata dall'acqua
Vortica la metropoli dei pesci,

Più nulla rimane del mare se non il suo suono,
Sotto la terra il clamoroso mare cammina,
Sui catafalchi dei frutteti decede il battello
E l'esca annega fra i covoni,

Terra, terra, terra, nulla rimane
Dello scorrente, famoso mare se non la sua favella,
E nelle sue sette tombe ciarliere
Fra i pavimenti d'una chiesa l'àncora si tuffa.

Addio, buona fortuna, squillarono il sole e la luna
Al pescatore smarrito in terra ferma.
Egli sta solo alla porta della sua dimora,
E tiene in mano il suo cuore dalle lunghe membra.

FERN HILL

Now as I was young and easy under the apple boughs
About the lilting house and happy as the grass was green,
   The night above the dingle starry,
      Time let me hail and climb
   Golden in the heydays of his eyes,
And honoured among wagons I was prince of the apple towns
And once below a time I lordly had the trees and leaves
      Trail with daisies and barley
   Down the rivers of the windfall light.

And as I was green and carefree, famous among the barns
About the happy yard and singing as the farm was home,
   In the sun that is young once only,
      Time let me play and be
   Golden in the mercy of his means,
And green and golden I was huntsman and herdsman, the
      calves
Sang to my horn, the foxes on the hills barked clear and cold,
      And the sabbath rang slowly
   In the pebbles of the holy streams.

All the sun long it was running, it was lovely, the hay
Fields high as the house, the tunes from the chimneys, was air
   An playing, lovely and watery
      And fire green as grass.
   And nightly under the simple stars
As I rode to sleep the owls were bearing the farm away,
All the moon long I heard, blessed among stables, the
      nightjars
   Flying with the ricks, and the horses
      Flashing into the dark.

IL COLLE DELLE FELCI

Ora quand'ero giovane e semplice sotto i rami del melo
Nella casa sonora e felice essendo l'erba verde,
  La notte radiosa di stelle sulla vallata,
    Il tempo mi lasciava urlare a festa
  E arrampicarmi dorato nella gioia dei suoi occhi,
E onorato fra i carri ero il principe delle città di mele
E tanto tempo fa una volta signorilmente gli alberi e le foglie
    Feci discendere con margherite ed orzo
  Giù per i fiumi della luce abbattuta dal vento.

E come ero verde e senz'ansia, famoso nei granai
Per il gaio cortile e cantando poiché la fattoria era la casa,
  Nel sole che è giovane solo una volta,
    Il tempo mi lasciava giocare
  Ed essere dorato nella grazia dei suoi mezzi,
E io verde e dorato cacciatore e pastore ero inoltre, i vitelli
Cantavano al mio corno, le volpi sui colli chiare e fredde
      latravano,
    E il sabbath risuonava
  Lentamente nei ciottoli dei sacri ruscelli.

Per tutto il sole era un correre, una dolcezza, e i campi
Di fieno alti come una casa, le melodie dai camini, era aria
  E un gioco piacevole ed acqueo
    E il fuoco verde come l'erba.
  E a notte, sotto le semplici stelle,
Come nel sonno cavalcavo, le civette portavano la fattoria
    lontano,
Per tutta la notte di luna ascoltavo, felice fra le stalle, i
    caprimulghi
  Che con le biche di fieno volavano, e i cavalli
    Nel buio sfolgoranti.

And then to awake, and the farm, like a wanderer white
With the dew, come back, the cock on his shoulder: it was all
Shining, it was Adam and maiden,
The sky gathered again
And the sun grew round that very day.
So it must have been after the birth of the simple light
In the first, spinning place, the spellbound horses walking warm
Out of the whinnying green stable
On to the fields of praise.

And honoured among foxes and pheasants by the gay house
Under the new made clouds and happy as the heart was long,
In the sun born over and over,
I ran my heedless ways,
My wishes raced through the house high hay
And nothing I cared, at my sky blue trades, that time allows
In all his tuneful turning so few and such morning songs
Before the children green and golden
Follow him out of grace,

Nothing I cared, in the lamb white days, that time would take me
Up to the swallow thronged loft by the shadow of my hand,
In the moon that is always rising,
Nor that riding to sleep
I should hear him fly with the high fields
And wake to the farm forever fled from the childless land.
Oh as I was young and easy in the mercy of his means,
Time held me green and dying
Though I sang in my chains like the sea.

E poi svegliarsi, e la fattoria, simile a un pellegrino bianco
Di rugiada, tornava col galletto sulla spalla: tutto era
Splendente, era Adamo e era vergine,
Il cielo si raccoglieva di nuovo
E il sole cresceva rotondo anche quel giorno.
Così dev'essere stato dopo la nascita della semplice luce
Nel primo spazio rotante, gli affascinati cavalli in corsa caldi
Fuori dalla nitrente e verde stalla verso
Le praterie della benedizione.

E onorato fra le volpi e i fagiani presso la casa felice
Sotto le nuvole appena create e gioioso quanto durava il cuore,
Nel sole nato ripetutamente corsi
Per le mie strade noncuranti,
I miei desideri galoppando per il fieno alto
Come una casa e nulla m'importava, nei miei giochi azzurro-cielo che il tempo permettesse
In tutto il suo svolgersi musicale solo poche canzoni del mattino
Prima che i bimbi verdi e dorati
Fuori dalla sua grazia lo seguissero,

Non mi importava nulla, nei giorni bianco-agnello, che il tempo m'avrebbe condotto,
Su nel granaio fitto di rondini con l'ombra della mia mano,
Nella luna che sempre sta sorgendo,
Né che cavalcando nel sonno
L'avrei udito volare insieme ai campi alti
E mi sarei svegliato nella fattoria fuggita ormai dalla terra senza bimbi.
Oh, quand'ero giovane e semplice nella grazia dei suoi mezzi,
Verde e morente mi trattenne il tempo
Benché come il mare cantassi nelle mie catene.

OVER SIR JOHN'S HILL

Over Sir John's hill,
The hawk on fire hangs still;
In a hoisted cloud, at drop of dusk, he pulls to his claws
And gallows, up the rays of his eyes the small birds of the bay
And the shrill child's play
Wars
Of the sparrows and such who swansing, dusk, in wrangling
hedges.
And blithely they squawk
To fiery tyburn over the wrestle of elms until
The flash the noosed hawk
Crashes, and slowly the fishing holy stalking heron
In the river Towy [1] below bows his tilted headstone.

Flash, and the plumes crack,
And a black cap of jack-
Daws Sir John's just hill dons, and again the gulled birds hare
To the hawk on fire, the halter height, over Towy's fins,
In a whack of wind.
There
Where the elegiac fisherbird stabs and paddles
In the pebbly dab-filled [2]
Shallow and sedge, and « dilly dilly » [3] calls the loft hawk,
« Come and be killed »,
I open the leaves of the water at a passage
Of psalms and shadows among the pincered sandcrabs
prancing

SULLA COLLINA DI SIR JOHN

Sulla collina di Sir John
Il falco in fiamme immobile è sospeso; in una nuvola
Issata in alto al gocciolìo del crepuscolo, attrae
Agli artigli e alle forche, sui raggi dei suoi occhi,
I piccoli uccelli della baia e le infantili stridule
Guerre
Dei passeri e di certi che, crepuscolo, in siepi litigiose
 cantocignano
E con gioia rochi gridano
All'infiammato patibolo sopra la lotta degli olmi fino a che,
Baleno, il falco accalappiante
Strepitando si getta, e lentamente l'airone, che sacro incede
 e pesca
Nel fiume Towy, la sua pietra tombale in basso obliqua
 inclina.

Baleno, e crepitano piume,
E un nero berretto di cor-
Nacchie indossa la giusta collina di Sir John, e ancora gli
 uccelli ingannati
Rapidi accorrono al falco in fiamme, cappio dell'altezza,
Sopra le pinne del Towy
In uno schiaffo di vento.
Laggiù
Dove elegiaco l'uccello pescatore pugnala e sguazza
Nel ciottoloso bassofondo sazio
Di limanda e di càrici, e « quah quah » chiama dall'alto il
 falco,
« Venite a farvi uccidere »,
Apro i fogli dell'acqua a un passaggio
Di salmi e d'ombre fra i granchi che saltellano pinzuti

And read, in a shell,
Death clear as a buoy's bell:
All praise of the hawk on fire in hawk-eyed dusk be sung,
When his viperish fuse hangs looped with flames under the
brand
Wing, and blest shall
Young
Green chickens of the bay and bushes cluck, « dilly dilly,
Come let us die ».
We grieve as the blithe birds, never again, leave shingle and
elm,
The heron and I,
I young Aesop fabling to the near night by the dingle
Of eels, saint heron hymning in the shell-hung distant

Crystal harbour vale
Where the sea cobbles[4] sail,
And wharves of water where the walls dance and the white
cranes stilt.
It is the heron and I, under judging Sir John's elmed
Hill, tell-tale the knelled
Guilt
Of the led-astray birds whom God, for their breast of
whistles,
Have mercy on,
God in his whirlwind silence save, who marks the sparrows
hail,
For their souls' song.
Now the heron grieves in the weeded verge. Through
windows
Of dusk and water I see the tilting whispering

Heron, mirrored, go,
As the snapt feathers snow,
Fishing in the tear of the Towy. Only a hoot owl
Hollows, a grassblade blown in cupped hands, in the looted
elms
And no green cocks or hens
Shout

E leggo, dentro una conchiglia,
La morte chiara come campana di boa:
Ogni lode del falco nel fuoco nell'occhidifalco crepuscolo si
canti,
Quando la sua viperea miccia avvolta in fiamme pende sotto
il tizzone
Dell'ala, e felici
I giovani
E verdi acerbi implumi della baia e dei cespugli chiocciano,
« quah quah,
Sù, moriamo ».
E noi soffriamo se i gioiosi uccelli, mai più, abbandonano
l'olmo e la ghiaia,
L'airone e io,
Io come giovane Esopo favoleggiando alla vicina notte presso
il botro
D'anguille, il sacro airone che inneggia alla distante
incrostata di conchiglie

Valle del porto cristallina
Dove i ciottoli di mare veleggiano,
E moli d'acqua dove i muri danzano e le gru candide sui
trampoli si levano.
Siamo l'airone e io, sotto la giudicante collina di Sir John
Fitta d'olmi, che raccontiamo la rintoccante funebre
Colpevolezza
Degli uccelli sviati di cui Dio, pei loro petti di gorgheggi,
Abbia misericordia,
Nel suo turbinoso silenzio Dio li salvi, che annota il saluto
dei passeri,
Per la canzone delle loro anime.
Ora l'airone piange sul bordo ripieno d'erbacce. Attraverso
finestre
Di crepuscolo e d'acqua vedo l'airone

Mormorante e inclinato, specchiandosi, andare
Mentre le piume nevicano strappate, pescando
Nella lacrima del Towy. Solo uno stridulo gufo
Gufola, un filo d'erba soffiato nelle mani a conca, negli olmi
saccheggiati,
E nessun gallo verde, nessuna gallina
Grida

Now on Sir John's hill. The heron, ankling the scaly
Lowlands of the waves,
Makes all the music; and I who hear the tune of the slow,
Wear-willow [5] river, grave [6],
Before the lunge of the night, the notes on this time-shaken
Stone for the sake of the souls of the slain birds sailing.

Ora sulla collina di Sir John. L'airone, immerse le caviglie
agli squamosi
Solchi dell'onde,
Ogni musica forma; e io che odo il motivo del lento
Fiume desolato di salici, incido,
Prima del tuffo della notte, le note sulla pietra
Scossa dal tempo: per l'amore dell'anime vaganti degli
uccelli uccisi.

POEM ON HIS BIRTHDAY

In the mustardseed sun,
By full tilt river and switchback sea
Where the cormorants scud,
In his house on stilts high among beaks
And palavers of birds
This sandgrain day in the bent bay's grave
He celebrates and spurns
His driftwood thirty-fifth wind turned age;
Herons spire and spear.

Under and round him go
Flounders, gulls, on their cold, dying trails,
Doing what they are told,
Curlews aloud in the congered waves
Work at their ways to death,
And the rhymer in the long tongued room,
Who tolls his birthday bell,
Toils towards the ambush of his wounds;
Herons, steeple stemmed, bless.

In the thistledown fall,
He sings towards anguish; finches fly
In the claw tracks of hawks
On a seizing sky; small fishes glide
Through wynds and shells of drowned
Ship towns to pastures of otters. He
In his slant, racking house
And the hewn coils of his trade perceives
Herons walk in their shroud,

POESIA SUL SUO COMPLEANNO

Nel sole come seme di mostarda,
Presso un impetuoso fiume e un mare che lo investe
Dove veloci volano i cormorani,
Nella sua casa su alti sostegni fra i becchi
E i vacui battibecchi degli uccelli
In questo giorno granello di sabbia nella ricurva tomba della
baia
Egli celebra e sdegna
Relitti alla deriva i suoi trentacinque anni sospinti dal vento;
E gli aironi volteggiano e trafiggono.

Sotto ed attorno a lui vanno gabbiani
E passere di mare in sentieri glaciali senza mèta
Facendo ciò che ad essi è comandato,
E chiurli a voce alta nell'onde pescose
S'affannano al loro lavoro di morte,
E nella lunga stanza linguacciuta il creatore di rime
Fa rintoccare la campana del suo compleanno
E si dirige a fatica all'imboscata delle sue ferite:
Gli aironi stelo di guglia benedicono.

In polverìo di polline di cardi
Canta avviato all'angoscia; fringuelli volano
Nei sentieri ad artiglio dei falchi
Su un cielo che cattura; minuscoli pesci
Per vicoli e conchiglie scivolano in città
Di navi naufragate a divenire pascolo di lontre.
Nella sua casa sghimbescia e traballante
Nelle spire scheggiate del suo commercio scorge
Gli aironi passeggiare nel loro sudario,

The livelong river's robe
Of minnows wreathing around their prayer;
And far at sea he knows,
Who slaves to his crouched, eternal end
Under a serpent cloud,
Dolphins dive in their turnturtle dust,
The rippled seals streak down
To kill and their own tide daubing blood
Slides good in the sleek mouth.

In a cavernous, swung
Wave's silence, wept white angelus knells.
Thirty-five bells sing struck
On skull and scar where his loves lie wrecked,
Steered by the falling stars.
And to-morrow weeps in a blind cage
Terror will rage apart
Before chains break to a hammer flame
And love unbolts the dark

And freely he goes lost
In the unknown, famous light of great
And fabulous, dear God.
Dark is a way and light is a place,
Heaven that never was
Nor will be ever is always true,
And, in that brambled void,
Plenty as blackberries in the woods
The dead grow for His joy.

There he might wander bare
With the spirits of the horseshoe bay
Or the stars' seashore dead,
Marrow of eagles, the roots of whales
And wishbones of wild geese,
With blessed, unborn God and His Ghost,
And every soul His priest,
Gulled and chanter in young Heaven's fold
Be at cloud quaking peace,

But dark is a long way.
He, on the earth of the night, alone

L'interminabile veste di piccoli pesci
Del fiume che s'intreccia alla loro preghiera;
E lontano sul mare egli che si affatica
Per giungere a una fine eterna ed accucciata
Sotto una nuvola a forma di serpente,
Sa che i delfini si tuffano dentro la loro schiuma a capriola,
E foche gocciolanti si scagliano fulminee
A uccidere, e il sangue che imbratta le onde
Scivola buono nella bocca liscia.

In un cavernoso silenzio travolto dall'onda
Rintocca a morte il pianto di un angelus bianco.
Trentacinque campane cantando percuotono
Il cranio e la ferita dove gli amori hanno fatto naufragio
Guidati da stelle cadenti.
E il domani dolora in una gabbia cieca
Che il terrore con furia infrangerà
Prima che le catene si spezzino a fiamme a martello
E l'amore spalanchi la tenebra

Ed egli vada, liberamente perduto
Nella famosa e ignota luce del grande
E favoloso ed adorato Dio.
La tenebra è una via e la luce è un luogo,
Cielo che non fu mai
Né mai sarà e resta sempre vero,
E in quel vuoto ricolmo di rovi,
Pullulanti nei boschi come more,
I morti crescono per la Sua gioia.

Là poteva vagare denudato
Con gli spiriti della baia a ferro di cavallo
O con i morti della spiaggia astrale,
Midollo d'aquile, radici di balene
E sterni d'anatre selvatiche, con
Il Dio benedetto e non nato, e col suo Spirito Santo,
Ed ogni anima suo sacerdote,
Ingannato e cantore nel giovane ovile del Cielo
Essere nella pace tremante come nuvola,

Ma è una via lunga la tenebra.
Sulla terra della notte, solo

With all the living, prays,
Who knows the rocketing wind will blow
The bones out of the hills,
And the scythed boulders bleed, and the last
Rage shattered waters kick
Masts and fishes to the still quick stars,
Faithlessly unto Him

Who is the light of old
And air shaped Heaven where souls grow wild
As horses in the foam:
Oh, let me midlife mourn by the shrined
And druid herons' vows
The voyage to ruin I must run,
Dawn ships clouted aground,
Yet, though I cry with tumbledown tongue,
Count my blessings aloud:

Four elements and five
Senses, and man a spirit in love
Tangling through this spun slime
To his nimbus bell cool kingdom come
And the lost, moonshine domes,
And the sea that hides his secret selves
Deep in its black, base bones,
Lulling of spheres in the seashell flesh,
And this last blessing most,

That the closer I move
To death, one man through his sundered hulks,
The louder the sun blooms
And the tusked, ramshackling sea exults;
And every wave of the way
And gale I tackle, the whole world then,
With more triumphant faith
Than ever was since the world was said,
Spins its morning of praise,

I hear the bouncing hills
Grow larked and greener at berry brown
Fall and the dew larks sing

Con tutti i vivi prega, egli che sa
Come i venti scattanti soffieranno
  Le ossa fuori dai colli,
E i ciottoli falciati sanguineranno, e le ultime
  Acque sconvolte di rabbia calceranno
Gli alberi delle navi e i pesci fino alle stelle
  Veloci ancora, senza fede in Lui

  Che è luce dell'antico
Aereo Paradiso in cui l'anime crescono selvagge
  Come cavalli nella schiuma:
Oh lasciate ch'io pianga a metà della vita presso i voti
  Degli aironi druidi tenuti a reliquia
Il viaggio che devo percorrere verso la mia rovina,
  Navi dell'alba arenate con violenza,
E sebbene con lingua confusa io pianga, lasciate
  Che ad alta voce enumeri tutte le mie fortune:

  Quattro elementi e cinque sensi
E uomo spirito colmo d'amore che s'apre
  Un varco in questa melma vorticosa
Verso la curva aureola del fresco regno avvenire
  E le perdute cupole del chiaro di luna,
E il mare che nasconde le sue segrete essenze
  Profondamente nell'ossa nere e abissali,
Ninna-nanna di sfere in carne di conchiglia,
  E quest'ultimo dono, che tanto

  Più mi avvicino alla morte,
Uomo solo attraverso le sue chiglie spaccate,
  Tanto più forte fiorisce il sole
E il mare esulta, zannuto e rovinoso;
  E ogni ondata del percorso, ed ogni
Maestrale domato, ecco che il mondo intero
  Con fede più trionfante
Di quanto sia accaduto da quando il mondo fu detto
  Intesse il suo mattino di lode, e io

  Odo le rimbalzanti colline
Farsi più fitte d'allodole e più verdi nell'autunno
  Bruno come la bacca, e le allodole

Taller this thunderclap spring, and how
   More spanned with angels ride
The mansouled fiery islands! Oh,
   Holier then their eyes,
And my shining men no more alone
   As I sail out to die.

Della rugiada cantare più alto in questa primavera tonante,
  E come più dominate dagli angeli cavalcano
L'isole ardenti con anima d'uomo! Oh,
  Più sacri sono allora i loro occhi,
E i miei splendenti uomini non sono più soli
  Mentre io salpo verso la morte.

IN THE WHITE GIANT'S THIGH [1]

Through throats where many rivers meet, the curlews cry,
Under the conceiving moon, on the ligh chalk hill,
And there this night I walk in the white giant's thigh
Where barren as boulders women lie longing still

To labour and love though they lay down long ago.

Throungh throats where many rivers meet, the women pray,
Pleading in the waded bay for the seed to flow
Though the names on their weed grown stones are rained
away,

And alone in the night's eternal, curving act
They yearn with tongues of curlews for the unconceived
And immemorial sons of the cudgelling, hacked

Hill. Who once in gooseskin winter loved all ice leaved
In the courters' lanes, or twined in the ox roasting sun
In the wains tonned so high that the wisps of the hay
Clung to the pitching clouds, or gay with any one
Young as they in the after milking moonlight lay

Under the lighted shapes of faith and their moonshade
Petticoats galed high, or shy with the rough riding boys,
Now clasp me to their grains in the gigantic glade,

NELLA COSCIA DEL GIGANTE BIANCO

Per gole dove molti fiumi convergono, i chiurli gemono
Sotto la luna che si sgrava, sull'alta collina di gesso,
Ed io là stanotte cammino nella coscia del gigante bianco
Dove donne infeconde come ciottoli si giacciono ancora,
bramando

Le doglie e l'amore, sebbene da tempo siano là distese.

Per gole dove molti fiumi convergono, le donne pregano,
Nella baia guadata implorando affinché il seme scorra
Sebbene i loro nomi sulle lapidi invase dalle erbacce siano
stati slavati dalla pioggia,

E nell'eterno atto curvante della notte, solitarie,
Con lingue di chiurlo esse agognino i non concepiti
E immemorabili figli dello scalfito colle che randella.

Quelle che un tempo nell'inverno a pelle-d'oca amarono
Tutte fogliute di ghiaccio nei viottoli degli innamorati, o
intrecciate
Nel sole arrosta-bovi nei carretti ammassati così in alto che
i ciuffi del fieno
S'aggrappavano a nuvole radenti, o allegre con chiunque che
Giovane come loro al chiar di luna dopo la mungitura si
stendeva

Sotto le forme illuminate della fede e le loro sottane d'ombra-
luna
Alte arricciate dal vento, o ritrose coi rozzi ragazzi in cerca
d'avventura,
Ora mi stringono alle loro vene nella radura immensa,

Who once, green countries since, were a hedgerow of joys.

Time by, their dust was flesh the swineherd rooted sly,
Flared in the reek of the wiving sty with the rush
Light of his thighs, spreadeagle to the dunghill sky,
Or with their orchard man in the core of the sun's bush
Rough as cows' tongues and thrashed with brambles their
buttermilk
Manes, under his quenchless summer barbed gold to the
bone,
Or rippling soft in the spinney moon as the silk
And ducked and draked white lake that harps to a hail stone.

Who once were a bloom of wayside brides in the hawed
house
And heard the lewd, wooed field flow to the coming frost,
The scurrying, furred small friars squeal, in the dowse
Of day, in the thistle aisles, till the white owl crossed

Their breast, the vaulting does roister, the horned bucks
climb
Quick in the wood at love, where a torch of foxes foams,
All birds and beasts of the linked night uproar and chime

And the mole snout blunt under his pilgrimage of domes,
Or, butter fat goosegirls, bounced in a gambo bed,
Their breasts full of honey, under their gander king
Trounced by his wings in the hissing shippen, long dead

Quelle che un tempo, e da allora verdi campagne, furono
siepi di gioie.

La loro polvere un tempo era carne che l'astuto porcaro
grufolava,
Nel lezzo del porcile ruffiano illuminata dal moccolo
Rustico delle sue cosce spalancate come aquila aperta al cielo-
letamaio,
O col loro ortolano nel torsolo del cespuglio solare
Ruvido come lingua di vacche, e sferzate da rovi le loro
criniere
Sierose di latte, sotto la sua inestinguibile estate spinata d'oro
fino all'osso,
O increspandosi lieve nella luna a boschetto come il serico
Lago bianco turbato da sassi a rimbalzello che a un chicco
di grandine arpeggia.

Quelle che un tempo erano un boccio di spose novelle nella
casa recinta al fianco della strada
E udirono il campo lascivo e corteggiato scorrere al gelo che
viene,
I piccoli frati impellicciati che corrono a passetti stridere,
allo spegnersi
Del giorno, nelle arcate dei cardi, finché il gufo bianco
tracciò un segno di croce

Sui loro petti, e le cerbiatte schiamazzare balzando, i cervi
ramati di corna arrampicarsi
Veloci nel bosco all'amore, dove schiuma una torcia di volpi,
Tutti gli uccelli e le bestie della notte allacciata squillare e
frastornare

E il muso della talpa smussarsi sotto il suo pellegrinaggio di
cupole,
O quelle che burrose guardiane di oche sobbalzavano nel
letto di un carro contadino
Con le mammelle rigonfie di miele sotto il loro re papero,
sferzate
Dalle sue ali nel chiuso sibilante, da lungo tempo morto e
perduto

And gone that barley dark where their clogs danced in the
spring,
And their firefly hairpins flew, and the ricks ran round –

(But nothing bore, no mouthing babe to the veined hives
Hugged, and barren and bare on Mother Goose's ground[2]
They with the simple Jacks[3] were a boulder of wives) –

Now curlew cry me down to kiss the mouths of their dust.

The dust of their kettles and clocks swings to and fro
Where the hay rides now or the bracken kitchens rust
As the are of the billhooks that flashed the hedges low
And cut the birds' boughs that the minstrel sap ran red.
They from houses where the harvest kneels, hold me hard,
Who heard the tall bell sail down the Sundays of the dead
And the rain wring out its tongues on the faded yard,
Teach me the love that is evergreen after the fall leaved
Grave, after Belovéd on the grass gulfed cross is scrubbed
Off by the sun and Daughters no longer grieved
Save by their long desires in the fox cubbed
Streets or hungering in the crumbled wood: to these
Hale dead and deathless do the women of the hill
Love for ever meridian through the courters' trees

And the daughters of darkness flame like Fawkes fires still[4].

Quel buio d'orzo dove i loro zoccoli a primavera danzavano,
e volavano
Le loro forcelle di lucciola, e i covoni correvano in tondo –

(Ma nulla generarono, nessun bimbo succhiava, stretto ai
venati alveari,
E sterili e nude sul terreno di Mamma Oca non erano
Coi loro ingenui bertoldi altro che un masso di mogli).

Ora tu chiurlo invitami a baciare le bocche della loro polvere.

La polvere dei loro bricchi e delle loro pendole dondola
avanti e indietro
Dove ora il fieno galoppa o le cucine arrugginiscono coperte
di gramigna
Come l'arco dei falcetti che con un lampo tagliarono le siepi.
E recisero i rami
Degli uccelli dove la lingua menestrella scorreva porpurea.
Da case dove la mèsse si inginocchia, mi tengono stretto
Quelle che udirono l'alta campana veleggiare le Domeniche
dei morti
E la pioggia spremere le sue lingue sul cortile sbiadito,
Mi insegnano l'amore che è sempreverde dopo la tomba
fogliuta d'autunno,
Dopo che Diletta sulla croce ingolfata d'erba è raschiata
Dal sole e Figlie non sono ormai più addolorate
Se non dai loro lunghi desideri nelle strade dei volpacchiotti
O affamate nel bosco sbriciolato: a questi sani
Morti e immortali le donne della collina dispensano
Amore eternamente meridiano attraverso gli alberi degli
spasimanti

E le figlie della tenebra fiammeggiano ancora come fuochi
di Fawkes.

NOTE ALLE POESIE

I see the boys of summer

[1] *tithings*: traduco con « campi », ma si tratta di piccole divisioni amministrative conservate tuttora in alcune parti dell'Inghilterra e che originariamente erano state costituite per il pagamento delle decime. Erano formate da dieci capofamiglia.

[2] *the cargoed apples*: oltre che un'evidente immagine fallica, l'idea della mela suggerisce il Peccato Originale. Cfr. *Genesi*, III-6.

[3] *O see the pulse of summer in the ice*: tutto il verso, significando la contemporaneità delle stagioni e degli elementi contrastanti, è di senso comune a molta della poesia moderna, ed in modo speciale a quella inglese. Oltre che in alcune note poesie di Stephen Spender, il suo esempio maggiore si ritrova più tardi, e in forma più complessa, in T. S. Eliot. Cfr. T. S. Eliot, *Four Quartets*, Faber and Faber, Londra, 1944, pag. 35.

[4] *Davy's lamp*: si tratta della lampada di sicurezza per minatori, ma traduco letteralmente « lampada di Davy » credendo di ravvisare nel testo un'associazione di pensiero fra Davy, cognome del chimico inglese che scoprì il principio della lampada di sicurezza a cui diede il nome, e Davy – o Davy-Jones – spirito maligno del mare nella mitologia di alcuni marinai di certe parti dell'Inghilterra e anche, credo, dell'America Settentrionale. Naturalmente alla lettura italiana tutto ciò va ugualmente perduto.

The force that through the green fuse drives the flower

[1] *shroud sail*: mi permetto di riportare la nota data da Carlo Izzo a questo proposito nella sua ottima *Antologia della Poesia Inglese Contemporanea*, Guanda, Parma, 1950. A pag. 578 egli dice: « Il poeta, forse, gioca in questo luogo con il doppio significato della parola *shroud*, che, sopratutto al plurale, sta ad indicare alcune sartie della nave, e significa anche *sudario* ».

[2] *How of my clay is made the hangman's lime*: evidente unione contrastante di due materie simboleggianti la vita (l'argilla è materia natale, essendo stata usata da Dio per la creazione dell'uomo) e la morte (la calce è la materia che brucia i cadaveri).

In the beginning

[1] Tutta la poesia riecheggia chiaramente la creazione biblica del mondo, seguendo con variazioni continue il testo della Genesi.

[2] *grail*: equivale a « graal ». È la tazza nella quale, secondo la tradizione, avrebbe bevuto Gesù nell'Ultima Cena, e nella quale sarebbe stato poi raccolto, da Giuseppe d'Arimatea, il sangue versato dal Salvatore sulla Croce. Nel Medio Evo fu assunta come simbolo di redenzione da molti autori, fra cui il più noto è Cristiano di Troyes. Pare che in questo luogo anticipi la presenza di Cristo, e, appunto, la redenzione latente.

[3] *In the beginning was the word*: questo inizio di verso è la citazione letterale delle prime parole del Vangelo di San Giovanni.

I, in my intricate image

[1] *Jacob's angle*: letteralmente « angolo di Giacobbe », ma credo di scorgere in questo luogo uno dei frequenti giochi di parole (basati sul suono) di cui James Joyce era maestro. Si pensi soprattutto al *Finnegans Wake*, dove nell'episodio di Anna Livia Plurabelle – tanto per fare un esempio dei più noti – si riscontra, sotto la frase di Everybody « O Phoenix culprit », la frase di Sant'Agostino « O Phoelix culpa ». Per un inglese, infatti, attraverso la pronuncia, « Jacob's angle » potrebbe suggerire anche « angelo di Giacobbe ». In italiano ci avviciniamo ugualmente al gioco suggerito. « Angle » significa anche « lenza ».

[2] *tom-thumb vision*: Thomas si riferisce molto probabilmente alla breve tragedia di Henry Fielding *The Tragedy of Tragedies; or the Life and Death of Tom Thumb the Great* (1731). Tolgo la descrizione del personaggio dalla Dramatis Personae della tragedia stessa (Cfr. *Eighteenth Century Comedy*, Oxford University Press, Londra, 1944, pag. 273): « Tom Thumb the Great, a Little Hero with a great soul something violent in his temper ... ». Come si vede Tom Thumb era un nano, e Thomas, con una coraggiosa trasposizione, usa il nome come aggettivo, togliendo le maiuscole ed unendo le due parole. Traduco con « visione pollicina » sperando di rendere in italiano lo stesso senso di piccolezza leggendaria.

[3] *manstring*: gioco simile a quello « sartia-sudario » indicato in una nota precedente. Qui « manstring » significa *tèndine* e anche *gòmena.*

Hold hard, these ancient minutes in the cuckoo's month

[1] *Glamorgan*: regione costiera del Galles meridionale

Altarwise by owl-light

[1] *half-way house*: simboleggia ora il grembo, ora lo stato dell'umanità che si trova fra Dio e gli abissi infernali.

[2] *Abaddon*: cfr. *La Sacra Bibbia*, trad. Giovanni Diodati, Apocalisse IX-I, pag. 999. « E aveano per re sopra loro l'angelo dell'abisso, il cui nome in Ebreo è Abaddon, ed in Greco Apollion »

[3] *jaw for news*: é senza dubbio una variazione di « nose for news », frase idiomatica che sta a significare « che ha fiuto nello scoprire qualcosa ». Letteralmente « naso per notizie ».

[4] *mandrake*: é la mandragora, pianta dalla radice dura e a forma di mano, che si diceva avesse straordinari poteri, fra cui non ultimo quello afrodisiaco. Si diceva anche gettasse alte grida quando veniva strappata. Si ritrova spesso nelle leggende nordiche, e lo scrittore romantico Achim von Arnim la introduce in *Isabella von Aegypten oder Kaisers Karl fünfte erste Liebe*, romanzo breve pubblicato nel 1819. Al seguito di Isabella è Cornelius, magico essere nato appunto dalla mandragora sotto forma di nano, che assume prima simbolo di lussuria e poi di potere sfrenato.

[5] *half-way winds*: in rapporto alla nota n. 1 di questa stessa poesia, sembrerebbero essere i venti che soffiano l'anima incerta nello spazio fra la morte e il risveglio presso Dio.

[6-7] *The horizontal cross-bones of Abaddon. – the verticals of Adam*: probabili immagini falliche e di morte.

[8] *lamb*: si accenna senza dubbio all'Agnello Pasquale.

[9] *Rip Van Winkle*: personaggio principale di una novella di Washington Irving. Lo si ritrova in un gruppo di poesie di Melville (Cfr. Ed. Constable, vol. XVI, lirica dal titolo *Rip Van Winkle's Lilac*), in *The Bridge* di Hart Crane e persino in un poemetto recente di Janette Michael Haien (*Rip Van Winkle's Dream*, Doubleday and Co. Inc., New York, 1947). Assume probabilmente il simbolo dell'uomo che non ritrova se stesso in accordo con la società attuale, ed è sempre nella posizione di chi torna al proprio paese dopo un profondo sonno di vent'anni.

[10] *Ishmael*: oltre che ricordato nella Bibbia (Cfr. Genesi, XVI-12) Ismaele è il personaggio principale del *Moby Dick* di Herman Melville.

[11] *Jonah's Moby*: allude alla famosa balena di Giona (Cfr. *La Sacra Bibbia*, Giona, II-1, trad. G. Diodati: « Or il Signore avea preparato un gran pesce, per inghiottir Giona; e Giona fu nelle interiora del pesce per tre giorni e tre notti »), ma usa per « balena » il nome della leggendaria balena bianca Moby Dick del romanzo di Melville.

[12] *Time's nerve*: pare evidente si debba intendere sotto questo appellativo la figura del Cristo come punto sensibile di tutta la storia.

[13] *bird-papped*: suggerisce l'idea della colomba come simbolo di purezza. Traduco per questo con « seni di colomba ».

[14] *With pins for teardrops*: « Con spilli per gocce di lacrime ». Oltre che un'abbastanza comune immagine poetica mi ricorda alcuni quadri di Picasso.

[15] *Jack Christ*: espressione che sta a significare come il Cristo, la vittima, sia in ognuno di noi. *Jack* è nome molto comune, che viene usato per indicare una persona qualunque. Traduco con « Cristognuno », poiché mi sembra che una versione letterale apparirebbe in italiano priva di senso.

[16] *three-coloured rainbow*: Francis Scarfe, a cui si deve tornare per tutto il tentativo di comprendere il sonetto ottavo di questa poesia, ritiene si tratti di una specie di nuovo patto stipulato dalla Trinità, e rimanda – per altro senza indicazione precisa – a Milton.

[17] *blowclock*: lo si può intendere, forse, come il corpo senza vita di Cristo.

Vision and Prayer

[1] Cfr. per questa immagine le parole dell'Arcangelo Raffaele nel *Faust* di J. W. Goethe, primi versi del *Prologo in Cielo*.

Ballad of the Long-Legged Bait

[1] *Sussanah*: si riferisce a Susanna (Cfr. Daniele, XIII-1 e seg.). Il nome è qui deformato per ragioni di suono. Potrebbe stare a significare la vittima innocente condannata al sacrificio. L'idea dei tre vecchi è suggerita anche dall'aggettivo « barbuta » legato alla corrente marina.

[2] *Sheba*: la regina Saba (Cfr. *La Sacra Bibbia*, Libro I dei Re, X e seg.). La si ritrova anche nel Corano, cap. XXVII.

[3] *Sin*: nell'interpretazione di un poeta, soprattutto se di lingua diversa, c'è sempre il pericolo di andare oltre ciò che egli ha inteso dire, ma anche se il significato di *sin* è qui indubbiamente di « peccato » non è improbabile che Thomas, come è accaduto a me, abbia avuto in mente che Sin è anche il dio babilonese della luna. Incontrandolo fra i nomi di Sussanah, Sheba, Lucifero, Venere, e per di più con la lettera iniziale maiuscola (a parte che questo era necessario a capo verso) mi è stato difficile non pensarvi.

[4] *« And the hawk in the egg kills the wren »*: l'uccisione dello scricciolo è segno di malaugurio secondo la credenza di molti popoli, che eleggono il piccolo uccello come re dei suoi simili. Non è improbabile che Thomas conoscesse l'esistenza di questo culto, che anche J. G. Frazer, in *The golden bough*, riporta abbastanza ampiamente, rendendoci note anche alcune cantilene che in occasione di riti speciali vengono cantate soprattutto nell'isola di Man e in Irlanda. Se ne ritrovano accenni anche nel capitolo sugli uccelli nel *Finnegans Wake* di J. Joyce. D'altra parte non è difficile collegare questo verso con quello precedente, dato che anche la quercia è albero soggetto a culti speciali dello stesso significato.

[5] *« O Rome and Sodom To-morrow and London »*: il verso ricorda il seguente passaggio riscontrabile in *The Waste Land* di T. S. Eliot: « Falling towers / Jerusalem Athens Alexandria / Vienna London ».

6 « *With his long-legged heart in his hand* »: mi permetto di variare il significato letterale di « long-legged heart », che sarebbe « cuore dalle lunghe gambe », con « cuore dalle lunghe membra », sembrandomi così di rendere più vago il concetto che diversamente – dovrebbe apparire in evidenza, come accade in inglese, la parola « cuore » – presenterebbe un accento maggiore là dove non deve esistere, e precisamente sulla parola « gambe ».

Over Sir John's Hill

1 *Towy*: fiume del Galles meridionale. Nasce presso Tregaron Hill, nel nord-est del Cardiganshire, e sbocca nella baia di Carmarthen.

2 *Dab*: pesce piatto europeo, il cui nome linneano è *Limanda Limanda.*

3 *Dilly dilly*: parola usata in Inghilterra per richiamare le oche.

4 *cobbles*: uccelli marini che si posano sulle onde e lanciano un grido somigliante ad una folle risata, per cui gli inglesi e gli americani li chiamano « loon birds », o uccelli sciocchi. Il loro nome linneano è *Gavia Immer*. « Cobbles », però, significa anche « ciottoli ».

5 *Wear-willow*: tolgo dal Webster la seguente spiegazione della frase « portare il salice »: « The willow is often used as an emblem of sorrow, desolation, or desertion. Hence, a lover forsaken by, or having lost the person beloved, is said to wear the willow ». (Il salice viene usato spesso come simbolo d'afflizione, desolazione, o abbandono. Per questo, un amante abbandonato, o che ha perduto la persona amata, si dice che porta il salice). Traducendo con « desolato di salici » tento di lasciare in italiano il senso doloroso del significato originale senza perderne l'immagine poetica.

6 *Grave*: si noti il triplice significato di questa parola: incido (verbo), tomba (sostantivo), e grave (aggettivo).

In the white giant's thigh

1 È probabile che il poeta si riferisca non solo ad una configurazione fisica di qualche paesaggio, ma anche (questo almeno mi ha suggerito l'immagine del « gigante bianco » e della « collina di gesso ») a quelle enormi figure d'età sconosciuta incise appunto nelle colline di gesso, e quindi dal contorno bianco quando non completamente bianche nel loro interno, che si ritrovano in alcune regioni dell'Inghilterra – Sussex, Dorset e Wiltshire – e che raffigurano cavalli e uomini. Ricordo soprattutto il cosiddetto « Long man of Wilmington », grande figura simboleggiante con molta probabilità il dio del Sole che apre la porta delle tenebre, e il « Mighty Giant of Cerne Abbas », che tiene nella mano destra una grande clava. Credo che Thomas, inoltre, raffiguri un simbolico ritorno agli avi antichi della razza.

2 *Mother Goose*: personaggio fiabesco che si ritrova (a parte Perrault) in molte « nonsense rhymes » inglesi per bambini, fra cui è famosa la

Mother Goose's Melody che si presume sia stata raccolta da Oliver Goldsmith.

[3] *Jacks*: Jack è un altro personaggio fiabesco della stessa specie. Lo si ritrova in *Lilliput Levee* di William Brighty Rands (Cfr. *A book of Nonsense*, ed. Dent and Sons, Londra, 1927). Penso anzi si tratti proprio di questo: la poesia *Stalky Jack* dice di lui che « To the Giant's Country he lost his way ». (Nel Paese del Gigante egli perse la sua via). « Jack » significa anche persona comune, di poca importanza, per cui traduco con « bertoldi » anche se può sembrare un po' azzardato.

[4] *Like Fawkes fires*: Guy Fawkes è il più noto personaggio della Congiura delle Polveri, che fu organizzata a Londra per il 5 Novembre 1605 con lo scopo di far saltare il Parlamento. Il Fawkes avrebbe dovuto accendere la miccia, ma fu arrestato e suppliziato. Da allora in Inghilterra si celebra annualmente la ricorrenza con una festa durante la quale i ragazzi costruiscono fantocci di paglia a cui danno poi fuoco. Ciò è ricordato anche da T. S. Eliot in *The Hollow Men*: l'autore introduce la poesia con la frase « A penny for the Old Guy », frase che i ragazzi dicono nel chiedere l'offerta, nelle strade, per costruire i fantocci di paglia.

NOTE BIO-BIBLIOGRAFICHE

L’aggiornamento bibliografico, dal 1972 al 1998, è stato curato da Annalisa Agrati.

Dylan Marlais Thomas nacque a Swansea, Galles del Sud, il 27 ottobre del 1914, e fu educato alla Swansea Grammar School, dove il padre era « Senior English Master ». Nel complesso, la sua formazione ha carattere autodidatta. Come affermava il « Times » del 10 novembre 1953, all'età di dodici anni il poeta stupiva già parenti ed amici con composizioni che parevano non mostrare alcun rapporto con la tradizione inglese. Ancora giovanissimo, collabora con articoli letterari e teatrali, nonché come cronista, ad alcuni giornali locali come l'« Herald of Wales » e il « South Wales Evening Post ». Nel 1934 ottiene il premio della Sunday Referee, che gli pubblica *18 Poems*. Nel 1937 sposa un'umile ragazza irlandese, Caitlin MacNamara, e si trasferisce a Laugharne. Allo scoppio della seconda guerra mondiale, riformato dal servizio militare, a Londra comincia a lavorare come sceneggiatore di documentari per la Strand Films. La sua collaborazione al Terzo Programma radiofonico della BBC si fa sempre più intensa. Nel 1947 trascorre l'estate all'Isola d'Elba ospite dell'amico critico e poeta Luigi Berti. Incontra a Firenze diversi esponenti della cultura cittadina, e ne trae un'impressione penosa. Nel 1950 è invitato per la prima volta negli Stati Uniti per un giro di conferenze e di letture poetiche. Vi ritorna l'anno successivo e nel 1953. A New York, dove si era recato anche per discutere con Igor Stravinsky la stesura di un libretto d'opera, muore di delirium tremens il 9 novembre 1953. Gli viene assegnato il Premio Internazionale di Poesia « Etna-Taormina » 1953. Nel 1954 *Under Milk Wood* vince il Premio Italia per un testo radiofonico.

Opere di Dylan Thomas in volume

18 Poems, The Sunday Referee & The Parton Bookshop, London, 1934. Seconda edizione The Fortune Press, London, 1934.
Twenty-five Poems, J. M. Dent & Sons, London, 1936.
The Map of Love, J. M. Dent & Sons, London, 1939.
The World I Breathe, New Directions, Norfolk, Conn., 1939.
Portrait of the Artist as a Young Dog, J. M. Dent & Sons, London, 1940, e New Directions, Norfolk, Conn., 1940.
From In Memory of Ann Jones, Caseg Broadsheet n. 5, The Caseg Press, Llanllechid, Caernarvonshire, 1942.
New Poems, New Directions, Norfolk, Conn., 1943
Deaths and Entrances, J. M. Dent & Sons, London, 1946.
Selected Writings, with an Introduction by J. Sweeney, New Directions, Norfolk, Conn., 1946.
Twenty-six Poems, J. M. Dent & Sons, London, 1950.

In Country Sleep, New Directions, Norfolk, Conn., 1952.
Collected Poems 1934-1952, J. M. Dent & Sons, London, 1952, e New Directions, Norfolk, Conn., 1952.
The Doctor and the Devils, J. M. Dent & Sons, London, 1953, e New Directions, Norfolk, Conn., 1953.
Under Milk Wood, J. M. Dent & Sons, London, 1954, e New Directions, Norfolk, Conn., 1954.
Quite Early One Morning, J. M. Dent & Sons, London, 1954, e New Directions, Norfolk, Conn., 1954.
Conversation About Christmas, New Directions, Norfolk, Conn., 1954.
Adventures in the Skin Trade and Other Stories, A New Directions Book, New York, 1955.
A Prospect of the Sea, J. M. Dent & Sons, London, 1955.
A Child's Christmas in Wales, New Directions, Norfolk, Conn., 1955.
Letters to Vernon Watkins, J. M. Dent & Sons, London, 1957.
Under Milk Wood (Acting Edition), J. M. Dents & Sons, London, 1958.
Dylan Thomas's Choice: An Anthology of Verse Spoken by Dylan Thomas, Edited by R. Maud and A. Davies, J. M. Dent & Sons, London, 1963. (Non contiene testi di Thomas, e tuttavia può essere considerata una raccolta da lui curata, e perciò criticamente significativa).
The Beach of Falesà, Stein & Day, New York, 1963.
Twenty Years A-Growing, J. M. Dent & Sons, London, 1964.
Me and My Bike, A Triton Book, London, 1965.
Selected Letters, Edited by C. Fitzgibbon, J. M. Dent & Sons, London, 1966.
Poet in the Making: The Notebooks of Dylan Thomas, Edited by R. Maud, J. M. Dent & Sons, London, 1968.
Two Tales, Sphere Books, London, 1968.
The Poems, Edited by D. Jones, J. M. Dent & Sons, London, 1971.
Early Prose Writings, Edited by W. Davies, J. M. Dent & Sons, London, 1971.
Under Milk Wood, The Folio Society, London, 1972.
Lunch at Mussolini's, a cura di R. Sanesi, M'Arte, Milano, 1972.
Holiday Memory, J. M. Dent & Sons, London, 1972.
The Collected Letters, Macmillan, London, 1985.
The love letters of Dylan Thomas, Phoenix, London, 2014.
Dylan Thomas Omnibus, Phoenix, London, 2014.
The Complete Poems of Dylan Thomas, Edited by J. Goodby, Weidenfeld & Nicolson, London, 2014.

BIBLIOGRAFIA CRITICA

Essendo ormai vastissima la mole degli scritti sull'opera di Dylan Thomas, ritengo opportuno, in questa sede, dare notizia solo di alcuni fra i più significativi, con particolare attenzione a quelli in grado di testimoniare la fortuna del poeta nella cultura italiana, mentre per una bibliografia dettagliata rimando il lettore ai pregevoli e accuratissimi lavori di

J. A. Rolph, *Dylan Thomas: A Bibliography*, London, Dent, 1956.

M. Corona, *Dylan Thomas: bibliografia*, in « Poesia e critica », II, 5, Maestri, Milano, 1963.

R. Maud, A. Glover, *Dylan Thomas in Print: A Bibliographical History*, London, Dent, 1972.

G. Gaston, *Dylan Thomas. A Bibliography*, Hall & Co., London, 1987.

J. Magoon, *A bibliography of writings about Dylan Thomas for 1960 to 1989*, Bournemouth, 1994.

I Opere critiche e biografiche straniere

G. Grigson, *18 Poems*, in « New Verse », n. 13, febbraio 1935.

S. Spender, in *The Destructive Element*, J. Cape, London, 1935.

E. Sitwell, *Four New Poets*, in « London Mercury », n. 33, febbraio 1936.

E. Sitwell, *The Achievement of Mr Dylan Thomas: 25 Poems*, in « The Sunday Times », 15 novembre 1936.

L. MacNeice, in *Modern Poetry*, Oxford University Press, 1938.

H. Treece, *Dylan Thomas and the Surrealists*, in « Seven », n. 3, inverno 1938.

E. Muir, *New Poetry*, in « Purpose », II, ottobre-dicembre 1939.

H. Read, *The Map of Love*, in « Seven », n. 6, autunno 1939.

G. Grigson, *New Poetry*, in « Horizon », I, I, gennaio 1940.

C. Aiken, *Rocking Alphabet*, in « Poetry », n. 56, giugno 1940.

F. Scarfe, *The Poetry of Dylan Thomas*, in « Horizon », 2, n. 11, novembre 1940.

J. F. Hendry, in *The New Apocalypse*, The Fortune Press, London, 1940.

D. Daiches, in *Poetry and the Modern World*, University of Chicago Press, 1940.

F. Scarfe, in *Auden and After*, Routledge & Sons, London, 1942.

M. W. Stearns, *Unsex the Skeleton*, in « The Sewanee Review », n. 52, luglio 1944.

A. Lundkvist, *Engelsk lyrik under kriget*, in « Bonniers Litterara Magasin », n. 13, Stockholm, novembre 1944.

R. Horan, *In Defence of Dylan Thomas*, in « The Kenyon Review », n. 7, primavera 1945.

S. Spender, in *Poetry Since 1939*, Longmans, Green & Co., London, 1946.

J. Cowper Powys, *Pair Dudeni or The Cauldron of Rebirth*, in « Wales », I, n. 2, giugno 1946.

J. L. Sweeney, *Introduction*, in *D. Thomas: Selected Writings*, New Directions, Norfolk, Conn., 1946.
G. Grigson, in *The Harp of Aedus*, Routledge & Sons, London, 1947.
R. La Vergnas, *Oú va la littérature anglaise?*, in « Nouvelles Litteraires », 9 gennaio 1947.
H. Gregory, *Romantic Heritage in the Writings of Dylan Thomas*, in « Poetry », vol. 69, n. 6, marzo 1947.
W. Empson, *A Refusal to Mourn*, in « Strand », marzo 1947.
R. Arnheim ed altri autori, in *Poets at Work*, Harcourt, Brace & Co., New York, 1948.
G. A. Astre, *Un jeune et grande poète anglais*, in « Critique », n. 4, gennaio 1948.
W. Y. Tindall, *The Poetry of Dylan Thomas*, in « American Scholar », 17, n. 4, autunno 1948.
W. M. Stearns, in *Transformation 3*, a cura di S. Schimanski e H. Treece, Lindsay Drummond, London, 1949.
H. Treece, *Dylan Thomas: « Dog Among the Faires »*, L. Drummond Ltd., London, 1949.
S. Schimanski, H. Treece, in *A New Romantic Anthology*, The Gray Walls Press Ltd., London, 1949.
K. Rexroth, in *The New British Poets*, New Directions, Norfolk, Conn., 1949.
R. A. Scott-James, in *Fifty Years of English Literature*, Green & Co., London, 1951.
J. L. Sweeney, *Intimations of Mortality*, in « New Republic », vol. 126, 17 marzo 1952.
B. Deutsch, in *Poetry of Our Time*, H. Holt & Co., New York, 1952.
A. R. Williams, *A Dictionary for Dylan Thomas*, in « Dock Leaves », vol. 3, n. 9, inverno 1952.
G. S. Fraser, in *The Modern Writer and His World*, D. Verschoyle, London, 1953.
A. Talfan Davies, *A Question of Language*, in « The Welsh Anvil: Yv Einion », vol. 5, luglio 1953.
« Adam », n. 238, London, 1953: dedicato a Thomas.
C. Corman, *Dylan Thomas, Rhetorician in Mid-career*, in « Accent », vol. 13, n. 1, inverno 1953.
E. Olson, *The Poetry of Dylan Thomas*, The University of Chicago Press, 1954.
D. Stanford, *Dylan Thomas*, N. Spearman, London, 1954.
R. Asselineau, *Dylan Thomas*, in « Études Anglaises », gennaio 1954.
« Encounter », vol. II, n. 1, gennaio 1954: in gran parte dedicato a Thomas.
« Dock Leaves », primavera 1954: dedicato a Thomas.
R. N. Maud, *Dylan Thomas's Poetry*, in « Essays in Criticism », vol. IV, n. 4, ottobre 1954.
« The Yale Literary Magazine », vol. 122, n. 2, novembre 1954: dedicato a Thomas.
« Poetry », vol. 85, n. 4, gennaio 1955: dedicato a Thomas.
J. Markale, *La poèsie de Dylan Thomas*, in « Cahiers du Sud », n. 329, Paris, giugno 1955.
J. M. Brinnin, *Dylan Thomas in America*, J. M. Dent & Sons, London, 1956.
J. Bayley, in *The Romantic Survival*, Constable & Co., London, 1957.
S. Holroyd, in *Emergence From Chaos*, Houghton Mifflin Co., Boston, 1957.
J. Wain, in *Preliminary Essays*, Macmillan, London, 1957.
G. S. Fraser, *Dylan Thomas*, Longmans, Green & Co., London, 1957.
C. Thomas, *Leftover Life to Kill*, Putnam, London, 1957.

D. Jones, *Preface*, in D. Thomas: *Under Milk Wood* (Acting Edition), J. M. Dent & Sons, London, 1958.
C. Anibal Goni, *El Poeta de Fern Hill*, in « Sur », n. 253, luglio-agosto 1958.
G. S. Fraser, in *Vision and Rhetoric*, Faber & Faber, London, 1959.
L. R. Hornick, *The Intricate Image*, Ann Arbor, Mich., 1960.
K. Shapiro, in *In Defence of Ignorance*, Random House, New York, 1960.
E. W. Tedlock, *The Legend and the Poet*, Heinemann, London, 1960.
R. J. Mills, *Dylan Thomas: The Endless Monologue*, in « Accent », vol. 20, n. 2, primavera 1960.
G. Highet, in *The Power of Poetry*, O.U.P., New York, 1960.
J. M. Brinnin, *A Casebook on Dylan Thomas*, Crowell, New York, 1961.
B. Slote, *Prendi l'avvio col sole*, in « Poesia e critica », n. 1, Maestri, Milano, giugno 1961.
D. Holbrook, *Llareggub Revisited*, Bowes & Bowes, London, 1962.
W. Y. Tindall, *A Reader's Guide To Dylan Thomas*, Thames & Hudson, London, 1962.
Autori vari, in *Dylan Thomas*, P. Seghers, Paris, 1962.
R. N. Maud, *Le ultime poesie di Dylan Thomas*, in « Poesia e critica », n. 3, Maestri, Milano, 1962.
W. Nowottny, in *The Language Poets Use*, London, 1962.
C. Emery, *The World of Dylan Thomas*, University of Miami Press, 1962.
C. Corman, *For the Lovers*, in « Poesia e critica », n. 5, Maestri, Milano, 1963.
V. Watkins, *Research and Reperception*, in « Poesia e critica », n. 5, Maestri, Milano, 1963.
T. H. Jones, *Dylan Thomas*, Oliver and Boyd, London, 1963.
H. H. Kleinman, *The Religious Sonnets of Dylan Thomas*, Berkeley, California, 1963.
R. Maud, *Entrances to Dylan Thomas' Poetry*, Pittsburgh, Pa., 1963.
G. Firmage, O. Williams, *A Garland for Dylan Thomas*, New York, 1963.
J. Ackerman, *Dylan Thomas: His Life and Works*, O.U.P., London, 1964.
B. Read, R. McKenna, *The Days of Dylan Thomas*, Weidenfeld & Nicolson, London, 1964.
A. T. Davies, *Dylan: Druid of the Broken Body*, Dent, London, 1964.
J. H. Miller, in *Poets of Reality*, Cambridge, Mass., 1965.
C. Fitzgibbon, *The Life of Dylan Thomas*, Dent, London, 1965.
C. B. Cox, *Dylan Thomas: A Collection of Critical Essays*, Englewood Cliffs, New York, 1966.
W. T. Moynihan, *The Craft and Art of Dylan Thomas*, Ithaca, London, 1966.
R. C. Williams, *The Concordance to the Collected Poems of Dylan Thomas*, Lincoln, Nebraska, 1967.
D. Holbrook, *Dylan Thomas: The Code of Night*, London, 1972.
W. Davies, *Dylan Thomas: New Critical Essays*, London, 1972.
R. K. Burdette, *The Saga of Prayer: The Poetry of Dylan Thomas*, Mouton, The Hague, 1972.
M. R. Kidder, *Dylan Thomas: The Country of the Spirit*, Princeton UP, Princeton, 1973.
A. Sinclair, *Dylan Thomas, Poet of His People*, M. Joseph, London, 1975.
Id., *Dylan Thomas, No Man More Magical*, Holt, New York, 1975.
J. Wain, *Dylan Thomas*, in A. Sinfield (a cura di), *English Poetry*, Sussex, London, 1976.
P. Ferris, *Dylan Thomas*, Dial, New York, 1977 (poi, con aggiunte e modifiche, 1978 e 1985).
D. Jones, *My Friend Dylan Thomas*, London 1977.

D. Hall, *Remembering Poets: Reminescences and Reflections: Dylan Thomas, Robert Frost, T. S. Eliot, Ezra Pound*, Harper & Row, New York, 1978.
R. T. Mackenna, *Portrait of Dylan Thomas*, Stammer House 1982.
G. Watkins, *Dylan Thomas and Vernon Watkins: Portrait of a Friendship*, University of Washington Press, Seattle, 1985.
J. Kertzer, *Poetic Argument: Studies in Modern Poetry*, McGill-Queen's UP, 1988.
Sh. Deane, *Bardic Style in the Poetry of Gerald Manley Hopkins, William Butler Yeats and Dylan Thomas*, Ann Arbor 1989.
G. Georg (a cura di), *Critical Essays on Dylan Thomas*, Hall, Boston, 1989.
P. Abad, *Hopkins and the Modern Sonnet Tradition: Dylan Thomas, W. H. Auden and Seamus Heaney*, in AA. VV., *Gerald Manley Hopkins: Tradition and Innovation*, Longo, Ravenna, 1991.
S. Heaney, *Dylan the Durable?*, The Bennington Chapbooks, Dublin, 1992.
Ph. A. Lahey, *Dylan Thomas: A Reappraisal*, «Critical Survey», 5, 1993.
Ch. Goodblatt, *The Succession of Images: Towards a Common Poetic for Walt Whitman and Dylan Thomas*, «Swansea Review», 1994.
R. Carson, *Thomas's «A Refusal to Mourn the Death, by Fire, of a Child in London»*, «Explicator», 55, 1996.
W. Y. Tindall, *A Reader's Guide to Dylan Thomas*, Syracuse UP, Syracuse, 1996.
P. Davies, *Dylan Thomas*, Greenwich Exchange, London, 2005.
J. Goodby, *The poetry of Dylan Thomas: under the spelling wall*, Liverpool University Press, Liverpool, 2014.
A. Lycett, *Dylan Thomas: A New Life*, London, Phoenix 2014.

II Contributi critici italiani

M. Praz, *Panorama letterario inglese*, in « Comunità », n. 3-4, maggio-giugno 1949.
A. Livi, *Sugli scogli di Rio*, in « Inventario », II, n. 3, Milano, autunno 1949.
C. Izzo, in *Poesia inglese contemporanea da Thomas Hardy agli Apocalittici*, Guanda, Parma, 1950.
P. Rebora, in *Letteratura inglese del Novecento*, Le lingue estere, Firenze, 1950.
S. Rosati, *Dylan Thomas, poeta neoromantico*, in « Il mondo », Roma, 27 dicembre 1952.
G. Cambon, *Due vascelli pazzi*, in « La fiera letteraria », Roma, 1 febbraio 1953.
G. Cambon, *After the first death there is no other*, in « Aut Aut », n. 18, Milano, 1953.
R. Sanesi, *Sesso, nascita e morte in Dylan Thomas*, in « Aut Aut », n. 18, Milano, 1953.
R. Poggioli, *In memoria di Dylan Thomas*, in « Letteratura », I, n. 5-6, settembre-dicembre 1953.
M. Praz, *Ricordo di un poeta*, in « Il tempo », Roma, 11 novembre 1953.
L. Berti, *Il poeta maledetto è morto a New York*, in « Tempo », Milano, 26 novembre 1953.
A. Rizzardi, *Era diventato un caposcuola*, in « La fiera letteraria », Roma, 6 dicembre 1953.
L. Berti, *Dylan Thomas e il ciclone del silenzio*, in « Milano-sera », Milano, 15 dicembre 1953.
G. Melchiori, *La poesia visionaria di Dylan Thomas*, in « Lo spettatore italiano », n. 12, Bari, dicembre 1953.

P. Bigongiari, *In vita e in morte di Dylan Thomas,* in « L'approdo », II, n. 4, Roma, ottobre-dicembre 1953.
A. Rizzardi, *Dylan Thomas,* in « Corriere dell'Adda », Lodi, 6 febbraio 1954.
R. Sanesi, *Introduzione a Dylan Thomas,* in D. Thomas, *Poesie,* Guanda, Parma, 1954.
M. Colombi Guidotti, *Dylan Thomas,* in « Comunità », VII, n. 26, agosto 1954.
E. Montale, *Letture,* in « Corriere della sera », Milano, 5 giugno 1954.
L. Curci, *Messaggio del poeta,* in « La fiera letteraria », Roma, 8 agosto 1954.
A. Rizzardi, *Dylan Thomas,* in « La fiera letteraria », Roma, 8 agosto 1954.
R. Sanesi, *Nella coscia del gigante bianco,* in « Aut Aut », n. 23, Milano, settembre 1954.
R. Sanesi, *Il « Portrait » e la prosa di Dylan Thomas,* in « Aut Aut », n. 28, Milano, luglio 1955.
D. Porzio, *Una meteora nella poesia inglese,* in « Oggi », Milano, 19 giugno 1955.
G. Papini, *Ora tocca a Thomas,* in « Il Corriere della sera », Milano, 12 giugno 1955.
A. Rizzardi, *Un omaggio a Dylan Thomas,* in « La fiera letteraria », Roma, 8 gennaio 1956.
G. Cambon, *Two Crazy Boats: Thomas and Rimbaud,* in « English Miscellany », n. 7, Roma, 1956.
G. Melchiori, in *The Tightrope Walkers,* Routledge & Kegan Paul, London, 1956.
L. Berti, *Dylan in America,* in « Inventario », VIII, n. 1-6, Milano, gennaio-dicembre 1956.
R. Sanesi, *Nell'intricata immagine di Dylan Thomas,* in « Inventario », VIII, n. 1-6, Milano, gennaio-dicembre 1956.
W. Mauro, *I due « trionfi » di Dylan Thomas,* in « Il contemporaneo », IV, n. 6, Roma, 8 febbraio 1958.
R. Sanesi, in D. Thomas: *Poesie giovanili,* Edizioni del Triangolo, Milano, 1958.
R. Sanesi, in *Poesia inglese del dopoguerra,* Schwarz, Milano, 1958.
R. Sanesi, in *Poeti inglesi del '900,* Bompiani, Milano, 1960.
R. Sanesi, *Dylan Thomas,* Lerici, Milano, 1960.
M. Praz, in *Storia della letteratura inglese,* Sansoni, Firenze, 1960.
E. Croce, in *Poeti del '900 italiani e stranieri,* Einaudi, Torino, 1960.
L. Corbetta, *Eccessi e morte di Dylan Thomas,* in « Como », n. 78, Como, dicembre 1960.
G. Manganelli, *Prose e racconti di Dylan Thomas,* in « L'illustrazione italiana », Milano, agosto 1961.
R. Sanesi, *In cerca del poeta che fu Dylan Thomas,* in « Corriere d'informazione », Milano, 7-8 novembre 1963.
« Poesia e critica », n. 5, Maestri, Milano, dicembre 1963, numero speciale dedicato a Dylan Thomas, a cura di Roberto Sanesi, contiene, oltre ad alcuni saggi stranieri (già citati a parte) e traduzioni:
G. Raboni, *Omaggio a Dylan Thomas*
G. Finzi, *Una lunga, continua poesia*
M. Rizzi, C. Haines, *Dialogo aperto*
G. Aristarco, *A proposito de « Il dottore e i diavoli »*
R. Jacobbi, *Dylan Thomas drammaturgo*
M. Corona, *Notizie sul giovane Thomas*
S. Gamberini, *Note e commenti a « I see the boys of summer »*
R. Sanesi, *Tre poesie giovanili e una lettera inedita*
M. Corona, *Dylan Thomas: bibliografia*
A. Marianni, in D. Thomas: *Poesie,* Einaudi, Torino, 1965.

R. S., *Aggiunta bibliografica per Dylan Thomas*, in « Poesia e critica », n. 6-7, Maestri, Milano, maggio 1965.
V. Gentili, *Il mondo rappreso di Dylan Thomas*, in « Paragone », n. 202, dicembre 1966.
G. Capone, *Il sentimento del tempo nell'opera di Dylan Thomas*, in « Convivium », n. 35, 1967.
G. Baldini, *Introduzione*, in D. Thomas: *Poesie*, Mondadori, Milano, 1970.
T. Kemeny, *Celebrazione del linguaggio e dell'esistenza precategoriale in un « Process poem » di Dylan Thomas*, in « Studi e ricerche di letteratura inglese e americana », n. 2, Milano, dicembre 1971.
A. Marianni, *Introduzione*, in D. Thomas: *Sotto il bosco di latte*, ecc, Oscar Mondadori, Milano, 1972.
R. Sanesi, in D. Thomas: *Lunch at Mussolini's*, M'Arte, Milano, 1972.
F. Binni, *Dylan Thomas*, La Nuova Italia, Firenze, 1973.
R. Sanesi, *Dati e supposizioni per una indagine tematica di « In the White Giant's Thigh » di Dylan Thomas*, in « Altri termini », n. 7, Napoli, 1975 (poi ristampato e accresciuto in *La valle della visione*, Garzanti, Milano, 1985).
N. Fusini, *Dylan Thomas. Nel corpo della poesia. I*, « Strumenti critici », 10, 1976.
B. Gallo, *La metropoli dei pesci: la poesia di Dylan Thomas*, Minerva italica, Bergamo, 1976.
F. Marucci, *Il senso interrotto. Autonomia e codificazione nella poesia di Dylan Thomas*, Longo, Ravenna, 1976.
N. Fusini, *Dylan Thomas. Nel corpo della poesia. II*, « Strumenti critici », 11, 1977.
R. Sanesi, *Dylan Thomas*, Garzanti, Milano, 1977 (poi, rivisto e ampliato, Editori Riuniti, Roma, 1994).
B. Gallo, *Linguaggio come pornotopia in Dylan Thomas*, Minerva italica, Bergamo, 1979.
G. Galigani, *La palingenesi ciclica di « Ceremony After a Fire Raid »*, « Linguistica e letteratura », 9, 1984.
R. Mussapi, *Postfazione* a D. Thomas, *Visione e preghiera*, Marcos y Marcos, Milano, 1984.
A. Canavesi, *Transiti e figure dell'originario in due poesie di Dylan Thomas*, « Confronto letterario », 12, 1989.
L. Guerra, T. Kemeny, a cura di, *Dylan Thomas a ottant'anni dalla nascita*, Camparotto, Pavia, 1994 (con contributi di T. Kemeny, G. Conte, F. Marucci, S. Bigliazzi, I. Salvadori, A. Canavesi, G. Gallo, L. Guerra, J. Meddemmen, R. Sanesi, G. Finzi).
R. Sanesi (a cura di), *Omaggio a Dylan Thomas*, Accademia di Belle Arti di Brera, Milano, 1994.
Id., *Prefazione* a D. Thomas, *Dieci poesie*, Scheiwiller, Milano, 1994 (edizione privata fuori commercio).
A. Canavesi, *L'immaginazione verbale in Dylan Thomas*, Campanotto, Udine, 1997.

III Traduzioni italiane di testi di Dylan Thomas

R. Orlando, in « Poesia », n. III-IV, Mondadori, Milano, 1946.
E. Montale, in *Quaderno di traduzioni*, La Meridiana, Milano, 1948.
T. Giglio, in « Inventario », II, n. 1, Milano, primavera 1949.
C. Parenti, in « Inventario », II, n. 3, Milano, autunno 1949.
S. Rosati, in appendice a « Botteghe oscure », n. 4, Roma, 1949.
S. Rosati, in appendice a « Botteghe oscure », n. VI, Roma, 1950.
C. Izzo, in *Poesia inglese contemporanea da T. Hardy agli Apocalittici*, Guanda, Parma, 1950.

A. Lambertini, in « Inventario », III, n. 4, Milano, 1951.
C. Izzo, in « La fiera letteraria », Roma, 22 novembre 1953.
R. Sanesi, in « Giovedì », Roma, 24 settembre 1953.
P. Bigongiari, in « Letteratura », I, n. 5-6, Roma, settembre-dicembre 1953.
A. Guidi, in « Letteratura », I, n. 5-6, Roma, settembre-dicembre 1953.
P. Bigongiari, in « L'approdo », II, n. 4, Roma, ottobre-dicembre 1953.
R. Sanesi, in D. Thomas: *Poesie*, Guanda, Parma, 1954.
A. Rizzardi, in « Corriere dell'Adda », Lodi, 20 febbraio 1954.
N. D'Agostino, in « La fiera letteraria », Roma, 9 maggio 1954.
R. Sanesi, in « Inventario », IV, n. 3-6, Milano, maggio-dicembre 1954.
A. Rizzardi, in « La fiera letteraria », Roma, 8 agosto 1954.
R. Sanesi, in « La fiera letteraria », Roma, 15 maggio 1955.
A. Giuliani, in *Il cuore zoppo*, Magenta, Varese, 1955.
L. Rodocanachi, D. Thomas: *Ritratto di giovane artista*, Einaudi, Torino, 1955.
R. Sanesi, in « Inventario », n. 1-6, Milano, 1956.
R. Sanesi, in « La fiera letteraria », Roma, 8 luglio 1956.
R. Sanesi, in « Cinema nuovo », n. 120-121, Milano, dicembre 1957.
R. Sanesi, D. Thomas: *Poesie giovanili*, Edizioni del Triangolo, Milano, 1958.
P. Bigongiari, in *Poesia straniera del Novecento*, Garzanti, Milano, 1958.
R. Sanesi, in *Poesia inglese del dopoguerra*, Schwarz, Milano, 1958.
R. Sanesi, in « L'Europa letteraria », II, n. 2, Roma, marzo 1960.
R. Sanesi, in *Poeti inglesi del '900*, Bompiani, Milano, 1960.
R. Sanesi, in *Dylan Thomas*, Lerici, Milano, 1960.
C. Izzo, in *Poeti del 900 italiani e stranieri*, Einaudi, Torino, 1960.
L. Rodocanachi, F. Bossi, C. Izzo, A. Fauno, in D. Thomas: *Prose e racconti*, Einaudi, Torino, 1961.
R. Sanesi, in « L'Europa letteraria », n. 9-10, Roma, giugno-agosto 1961.
R. Sanesi, in « Il gazzettino », Venezia, 9 aprile 1963.
S. Gamberini, in « Poesia e critica », n. 5, Maestri, Milano, dicembre 1963.
R. Sanesi, in « Poesia e critica », n. 5, Maestri, Milano, dicembre 1963.
F. Bossi, D. Thomas: *Molto presto di mattina*, Einaudi, Torino, 1964.
A. Marianni, D. Thomas: *Poesie*, Einaudi, Torino, 1965.
A. Marianni, D. Thomas: *Lettere a Vernon Watkins*, Il Saggiatore, Milano, 1969.
B. Oddera, D. Thomas: *Ritratto del poeta attraverso le lettere*, Einaudi, Torino, 1970.
F. Bossi, E. Capriolo, D. Thomas: *Il dottore e i diavoli, e altri racconti per il cinema*, Einaudi, Torino, 1974.
R. Sanesi, D. Thomas: *Lunch at Mussolini's*, M'Arte, Milano, 1972.
F. Bossi, L. Rodocanachi, D. Thomas: *Ritratto dell'autore da cucciolo*, Einaudi, Torino, 1976.
A. Marianni, D. Thomas: *Poesie inedite*, Einaudi, Torino, 1980.
A. Marianni, D. Thomas: *Poesie*, Einaudi, Torino, 1981.
R. Mussapi, D. Thomas: *Visione e preghiera*, Marcos y Marcos, Milano, 1984.
F. Bossi e D. Musso, D. Thomas: *Avventure nel commercio delle pelli*, Guanda, Parma, 1992.
C. Izzo, D. Thomas: *Sotto il bosco di latte. Dramma per voci*, Guanda, Parma, 1992.
R. Sanesi, D. Thomas: *Dieci poesie*, Scheiwiller, Milano, 1994 (edizione privata fuori commercio).
R. Sanesi, D. Thomas: *Poesie*, TEA, Milano, 1996.
A. Marianni, D. Thomas: *Poesie e racconti*, Einaudi, Torino, 1996.
L. Carra, F. Negrin, D. Thomas, *Un Natale*, Salani, Milano, 2000.
M. Bacigalupo, D. Thomas, *Lettere d'amore*, Guanda, Milano, 2004.

INDICE

Finito di stampare
nel mese di gennaio 2017
per conto della Ugo Guanda S.r.l.
da Rotolito Lombarda S.p.A. – Seggiano di Pioltello (MI)
Printed in Italy